VIES SAUVAGES

DU MÊME AUTEUR

Romans

UN MORT PAR PAGE, Robert Laffont, 2010.
PRIÈRE DE LAISSER SES ARMES À LA RÉCEPTION, Robert Laffont, 2012.
L'ÉCLAIR SILENCIEUX DU CATACUMBO, Robert Laffont, 2014.
RETOUR À BUENOS AIRES, Slatkine & Cie, 2018.
L'ÉMOUVANTE ET SINGULIÈRE HISTOIRE DU DERNIER DES LECTEURS, Slatkine & Cie, 2021.
LA VAGUE QUI VIENT, Inculte, 2023.

Théâtre

NELSON E GEORGES (traduction vers l'italien de Daniela Giunta), Nuova Ipsa, 2005.

ISBN 978-2-330-19472-7

DANIEL FOHR

VIES SAUVAGES

roman

éditions inculte

Un lion ne saurait être redoutable. Il n'a pas d'idéal, pas de religion, pas d'opinion politique, pas de courtoisie, pas d'éducation.

GEORGE BERNARD SHAW

L'homme est un animal enfermé à l'extérieur de sa cage. Il s'agite hors de soi.

PAUL VALÉRY

JAD-BAL-JA

Jad-bal-ja somnolait sur une herbe jaune et rare quand l'homme, un mâle de taille moyenne, lui apparut. Il aurait pu sentir son approche sans la présence des girafes à deux cents mètres qui occupaient son système olfactif et l'odeur de terre qui remontait depuis que la pluie avait cessé. Il avait plu toute la nuit précédente et, quand l'orage avait touché la ville et que les lionnes étaient rentrées se mettre à l'abri, il était resté sous les éclairs à écouter le martèlement de la pluie sur le sol et les craquements du tonnerre dans la nuit qui noyaient les bruits de la cité et rétablissaient la primauté sonore de la nature originelle.

L'homme avait longé l'enceinte du fossé, un fossé moins large que celui qu'il avait établi entre sa propre espèce et les autres, mais tout aussi infranchissable. Puis il s'était arrêté pour considérer le lion derrière l'écran de verre, depuis le belvédère, comme le faisaient tous les visiteurs.

Des humains, Jad-bal-ja en voyait défiler tous les jours, de tous les âges et de toutes les tailles, autour de son domaine et il les observait plus par habitude que par curiosité, car il y avait bien longtemps qu'il avait perdu intérêt à leur présence.

L'homme derrière la barrière de verre fixait toujours le lion, mais le fauve avait replongé dans la contemplation de ses pattes étendues devant lui.

En milieu naturel, un lion consacre vingt pour cent de son activité à la recherche de nourriture ; le reste du temps, soit dix-huit à vingt heures par jour environ, il ne fait rien, il dort. Mais ses sens restent en alerte, à l'affût d'un bruit, de l'effluve d'une femelle, d'un rival ou d'une opportunité. La machine travaille. Les soigneurs faisaient de leur mieux pour stimuler l'intérêt des fauves en captivité, car l'ennui réduit l'espérance de vie des animaux, et les animaux déprimés ne plaisent pas aux enfants. Or les zoos vivent des enfants. De leur fréquentation dépend le chiffre d'affaires de l'entreprise. Mais ça prenait deux minutes aux lionnes et à Jad-bal-ja pour trouver les quartiers de viande que les soigneurs dissimulaient derrière le faux rocher, au bord de la mare ou au milieu du bouquet de palmiers nains. Sept kilos de viande par jour – essentiellement des jambes postérieures de vaches, auxquelles les soigneurs injectaient des compléments nutritionnels et des antibiotiques – constituaient leur ordinaire. Ça n'avait rien à voir avec la chasse.

On nourrissait les carnivores avant l'ouverture du Parc. Les nocturnes, comme le hibou, la chouette, les lynx ibériques ou certains lémuriens, s'alimentaient au crépuscule, après la fermeture. Les plus chanceux étaient les herbivores qui mangeaient à volonté et à n'importe quelle heure le fourrage mis à leur disposition, dans un état de relaxation que l'absence de prédateurs justifiait.

La politique du Parc avait instauré une journée de jeûne hebdomadaire pour les fauves, car dans la nature les félins ne mangent pas tous les jours et un peu d'énervement entretient la tonicité générale de l'animal. Le comptable approuvait cette politique, ces cinquante-deux jours annuels sans viande participant de façon substantielle à l'équilibre budgétaire.

Jad-bal-ja était un lion de l'Atlas, appelé aussi lion de Barbarie ou lion de Nubie, un lion d'une taille supérieure à tous les autres, pourvu d'une abondante crinière presque noire qui lui descendait jusqu'au nombril. Jad-bal-ja devait son nom au lion des aventures de Tarzan seigneur de la jungle, d'Edgar Rice Burroughs, une sorte de super-chien de l'homme-singe. Jad-bal-ja était la vedette du Parc. Il n'en restait qu'une petite centaine comme lui sur la planète et plus aucun à l'état sauvage, le dernier ayant été aperçu en 1942 au Maroc ou en 1956 en Algérie, selon les sources. Une petite dizaine de parcs dans le monde se disputaient les survivants de l'espèce. Le jardin zoologique de Rabat au Maroc en possédait une vingtaine à lui seul.

Jad-bal-ja était né à Rabat. Son frère, Safir, avait été expédié au zoo de San Diego à l'âge de deux ans. San Diego, Californie, était considéré comme la crème de la crème des parcs animaliers, ce qui se faisait de plus confortable en matière de captivité, une maison de retraite cinq étoiles. Dans un bon parc, un lion pouvait gagner dix à quinze ans d'espérance de vie supplémentaire, à l'inverse d'un humain en résidence médicalisée. Pas d'accident de chasse, pas de combats entre mâles et l'assurance de ne pas mourir de faim ou de soif à chaque saison sèche, comme la grande majorité des lionceaux qui n'atteignent pas leur première année, victimes aussi des hyènes, des guépards ou de leur père, comme dans une tragédie grecque ou un drame de l'alcool. En captivité, en revanche, les lions sont sujets à des virus qu'ils n'auraient jamais rencontrés autrement, à la maladie de Carré et à la maladie des étoiles, dont on ignore toujours l'origine mais dont le nom fait rêver.

Jad-bal-ja, lui, était parti pour Édimbourg où il avait découvert l'odeur d'humains différents, à la peau blanche et aux cheveux roux, avant de déménager à nouveau six ans plus tard pour s'installer sous des latitudes moins pluvieuses.

Jad-bal-ja passait l'essentiel de ses journées sur son rocher chauffant. On avait beaucoup parlé de cette innovation dont l'intérêt affiché était de permettre au lion de l'Atlas de supporter l'hiver européen, comme si le concepteur de son biotope ignorait que les températures hivernales, le matin au pied du Kilimandjaro ou dans le Haut-Atlas, rendaient un lion ou une girafe capables de survivre en Europe du Nord dans les mêmes conditions qu'une vache hollandaise. La vérité était que la chaleur du rocher donnait à Jad-bal-ja l'envie de s'y allonger comme un chat sur un radiateur et que ledit radiateur avait été placé au centre de sa biozone. Ainsi, tout le monde pouvait observer la mascotte du Parc, même par temps froid, ce qui était la moindre des choses au regard du prix de l'entrée, sans parler du coût de la glace pour le gamin, du livre sur les félins et des magnets de perroquets. Sinon, c'était à l'intérieur du bâtiment dans un décor de béton qui sentait le désinfectant et c'était moins bien.

Jad-bal-ja vivait en couple depuis quatre ans avec Elsa. Elsa devait son prénom à la lionne de la famille Adamson, un exemple rare d'adaptation à la vie sauvage d'un félin élevé en captivité. Elsa avait réussi à se faire accepter dans une troupe, à chasser et même à procréer, ce qui confirmait son caractère exceptionnel. Goosha et Jayne avaient rejoint le couple deux ans plus tard. Goosha signifiait "lionne", en somali, et Jayne à cause de Jayne Mansfield, pour son poil presque blanc. Dans un premier temps, Goosha et Jayne avaient échangé leurs odeurs avec Elsa à travers un grillage, puis avec Jad-bal-ja, afin que le couple s'habitue à elles. Dans la nature, une telle association n'aurait pu fonctionner qu'entre lionnes apparentées, mais leur expérience personnelle leur avait appris qu'en captivité les séparations sont plus fréquentes que les regroupements et qu'il y a plus à perdre qu'à gagner à refuser de former une famille. Chacune avait pris sur soi et Elsa, plus âgée, avait accepté les deux nouvelles concubines et adopté à leur égard une stratégie maternelle.

L'horizon du groupe était borné par un mur en ciment de huit mètres. Côté visiteurs, une esplanade protégée par un écran de verre panoramique surplombait l'espace des lions. Depuis son rocher, Jad-bal-ja apercevait le sommet grillagé de la volière, à l'est, qui émergeait par-dessus l'enceinte, et le faîte d'un bouquet d'eucalyptus, au sud. Les girafes lui étaient invisibles mais leurs effluves traversaient son espace par vagues molles au gré des mouvements de l'air et de leurs allées et venues nonchalantes. Quand il descendait du rocher pour faire le tour de son domaine, il ne voyait plus que l'enceinte grise tout autour et les gens qui le regardaient derrière la vitre s'il levait la tête. L'été, on débranchait le rocher. Jad-bal-ja s'allongeait alors à l'ombre de sa grande masse grise et posait sa grosse tête sur ses pattes croisées en attendant le soir.

C'est précisément dans cette position qu'il décela, entre ses yeux presque clos, un mouvement inhabituel aux limites de son territoire.

L'homme, qui jusque-là l'observait derrière la barrière de verre, avait escaladé, tel un insecte, l'enceinte qui les séparait. Il était maintenant à califourchon sur le sommet du mur. De ses pupilles rondes de grand félin, sans qu'un seul de ses muscles ne tressaille et trahisse son intérêt pour la scène, Jad-bal-ja considéra l'homme qui s'apprêtait à descendre dans la fosse.

LE PARC

Enfermé dans sa cage de verre, le guichetier était la première espèce que le Parc offrait aux visiteurs. Cinq jours par semaine, il voyait des humains s'encadrer derrière un hygiaphone en plexiglas comme un diaporama sans fin et leur remettait un billet d'entrée sur lequel était imprimée la tête de Jad-bal-ja, le lion de l'Atlas, en couleurs, après avoir vérifié le justificatif de ceux qui prétendaient à une réduction. Précédemment, l'homme avait officié à l'accueil d'un musée consacré aux primitifs flamands et aux peintres du Quattrocento. Le musée organisait des formations pour le personnel, et il avait apprécié d'être initié à un domaine qui lui était étranger, de même qu'il l'était à ses parents, à ses grands-parents et aux générations qui l'avaient précédé dans la nuit des temps. Il lui arrivait de signaler l'intérêt d'une salle aux visiteurs, de glisser une préférence pour tel ou tel peintre ou un commentaire sur telle ou telle œuvre, ce qui ne manquait jamais de surprendre, de la part d'un homme qu'une billetterie automatique aurait pu remplacer.

Quelques années plus tard, la perspective de gagner une heure et demie de trajet par jour l'avait amené à postuler à un emploi de même nature auprès du Parc, en faisant valoir son expérience et ses qualités : ponctualité, honnêteté, cordialité et savoir tenir une caisse. Et il parlait espagnol. Le Parc avait retenu sa candidature, lui permettant ainsi d'effectuer à pied, en vingt-neuf minutes, la distance qui séparait son domicile de son nouveau lieu de travail.

Il n'y avait pas une grande différence entre un musée et un zoo, le travail était le même, permettre à des gens de passer d'un monde à un autre. Ce qui changeait, c'était l'uniforme, veste bleu marine au musée, verte pour le Parc, mais avec un badge identique au revers, trois bandes horizontales, rouge, jaune, rouge, pour le drapeau de l'Espagne, même si cela faisait longtemps qu'il n'avait pas pratiqué. Les visiteurs, eux aussi, changeaient. Il y avait plus d'enfants dans les zoos, sans doute parce que les enfants préfèrent ce qui est vivant à ce qui est mort. Après, c'est différent.

Avant d'entrer dans le Parc, les enfants parlaient d'animaux. Le trio gagnant dans les conversations était "requin-tigre-gorille", pour les garçons. Les préférences des filles étaient, comme souvent, plus complexes, puisque les dauphins, les loutres de mer et les girafes arrivaient en tête, soit deux prédateurs sur trois seulement. Dans la queue des musées, les enfants ne parlaient pas de peinture, ni de sculpture, ni d'art en général sauf pour se moquer de Picasso et de ses gribouillis et du type qui avait coupé un requin en deux. Souvent, ils ne parlaient pas non plus d'autre chose et préféraient s'abandonner à la rêverie d'imaginer leurs parents morts et leurs camarades admirer la dignité dont ils faisaient preuve à l'enterrement et les profs excuser leur désintérêt pour le cours qu'ils dispensaient. Ou alors, ils se disputaient avec la sœur ou le frère, s'ils avaient la chance et la malchance d'en avoir, soumettant la file des visiteurs à un stress oxydatif qui agressait leurs cellules et diminuait leur espérance de vie.

Le travail de guichetier demande de savoir s'occuper car les heures creuses sont nombreuses, tôt le matin, au moment du déjeuner et deux heures avant la fermeture. Sans parler des jours de pluie, bien sûr. Le guichetier écoutait la radio. Quand il se lassait des voix dans sa guérite, il se désennuyait avec des calculs dont il notait les résultats dans un cahier d'écolier à spirale 21 × 29,7 à petits carreaux. Quelle distance avait-il parcourue pendant un an entre son domicile et le Parc ? Six cent soixante-sept kilomètres. Combien d'heures avait-il travaillé depuis ses vingt et un ans ? Cinq cent soixante-seize mille heures. Le cahier indiquait qu'il avait dit *bonjour* et *bonne visite* à environ dix millions de visiteurs. Qui pouvait se vanter d'avoir parlé à autant de monde ? Peu de gens. Il avait aussi calculé combien d'argent, une évaluation bien sûr, lui était passé entre les mains, même si avec les cartes bancaires ça n'était pas vraiment entre les mains. Qu'en aurait-il fait s'il avait pu en disposer ? Il n'en avait aucune idée. Il n'avait plus envie de s'inventer une grande maison ou de grands voyages, ou n'importe quoi d'autre que l'argent aurait pu lui procurer. Le temps du désir et des projets était passé. Il était le plus vieil employé du Parc et, pour cette raison simple, était surnommé le Vieux.

Longtemps, il s'était imaginé rentrer chez lui quand viendrait l'âge de la retraite. Un village l'attendait, au cœur d'une campagne rustique et sombre. Mais à l'approche de la date prévue s'était insinuée la pensée qu'il était peut-être déjà trop tard, qu'après une aussi longue absence il lui serait difficile de se réadapter à son milieu d'origine, retrouver ses repères, renouer des relations avec ceux qui restaient, dont il avait oublié les noms et l'histoire, réapprendre les mots, les codes, les gestes, se mêler aux conversations circulaires et puis rentrer chez soi, traverser la place déserte qu'un seul lampadaire éclairait et le village effacé par la nuit, accepter l'ennui d'un temps immobile et froid.

Le jour était finalement arrivé où il pouvait partir, mais il était resté. La loi offrait la possibilité d'une prolongation qu'il utilisa, mais dont la tolérance touchait à son terme. Quoi qu'il arrive, il quitterait son travail dans moins d'un an, deux cent dix-sept jours exactement. Les animaux lui manqueraient, il le savait. Il ne s'imaginait pas revenir les voir en simple visiteur. Que ferait-il de ses journées ? Un vieux assis sur son lit qui regarde par la fenêtre, comme dans un tableau de Hopper ?

Il était arrivé après la refonte du zoo, quand l'établissement avait acquis l'appellation officielle de Parc animalier, même si le bâtiment, qui abritait une partie de la fauverie et certaines espèces de singes, datait des années 1930. C'était un grand zeppelin de pierre classé, une ménagerie dont les barreaux avaient été remplacés par des vitres et les anciennes cages restaurées, qui ouvraient maintenant sur des espaces extérieurs.

Au début du XXe siècle, à Hambourg, un collectionneur d'animaux, marchand de poissons de son état, avait eu l'idée de supprimer les cages et les barreaux des zoos et de créer des espaces plus grands, qui imiteraient l'habitat originel de l'espèce qui l'occupait, entourés de fossés ou de murs d'enceinte, d'où les visiteurs surplomberaient les animaux. On lui devait aussi d'avoir inventé le dressage en douceur. Quelqu'un de sensible a priori, pour un commerçant qui s'enrichissait également en organisant des exhibitions de spécimens humains exotiques, Lapons, Nubiens ou Fugéens kidnappés en Terre de Feu, ce qui relativise l'étendue de sa sensibilité et pose régulièrement la question du maintien de son nom accolé à celui du zoo de Hambourg.

Les zoos ne s'appelaient plus zoo depuis quelque temps déjà mais jardin zoologique, parc animalier, réserve ou parc safari. Les gens continuaient de dire *zoo* parce que c'est plus court et qu'à la vitesse où allaient les choses plus personne n'avait de temps à gaspiller en subtilités sémantiques. Le nouveau Parc, constitué en société d'économie mixte, avait été repensé par un concepteur renommé, c'est-à-dire connu d'une dizaine de personnes qui faisaient le même métier que lui et de quelques directeurs des principaux jardins zoologiques du pays. Le Parc abritait cent vingt-sept espèces animales différentes, soit zéro virgule soixante-quinze pour cent des quelque trente mille en danger ou en voie d'extinction dans le monde. Du taïpan du désert, le serpent le plus venimeux de la planète, à une colonie de flamants dont le rose délicat, en l'absence de crevettes dans leur lagune, était obtenu par adjonction de pigments dans leur nourriture, le visiteur trouvait matière à émerveillement. La plupart des animaux étaient parrainés par des entreprises, opérateurs téléphoniques, constructeurs automobiles, groupes immobiliers, fournisseurs d'énergie ou acteurs de l'industrie aux préoccupations environnementales indiscutables. Les oiseaux de petite taille, qui n'ont jamais intéressé que les possesseurs de jumelles et les retraités, n'avaient pas de parrains mais le coût de leur alimentation pesait peu dans le budget global du Parc.

Reproduit sous forme de peluches, imprimé sur des casquettes, tee-shirts, vitrophanies, mugs, papier à lettres, cartes postales, posters et badges, Jad-bal-ja était la mascotte du Parc. Sa crinière et sa rareté en faisaient le plus gros contributeur au chiffre d'affaires de l'entreprise. Il était l'image du Parc. Un zoo sans mascotte, sans gorille albinos, sans bébé panda ou tigre de Sibérie, est un établissement de deuxième classe. Comme une étoile à l'Opéra ou un attaquant au football, c'est sa capacité à attirer une masse de visiteurs supérieure qui définit une mascotte.

Bruce, un puma argentin aux yeux vairons – un œil bleu, un œil jaune –, aurait pu prétendre au titre. Son regard bicolore et fardé de noir comme un pharaon de l'Égypte ancienne faisait l'objet d'un contrat à cinq zéros entre le Parc et une célèbre marque de cosmétique internationale. Le portrait de l'Argentin, centré sur son regard asymétrique, surmonté du titre *Naturally Fascinating*, resurgissait régulièrement dans l'espace public sous forme d'affiches à chaque fashion week et d'inserts dans la presse magazine, pour rappeler aux consommatrices et influenceuses que l'entreprise militait en faveur d'un monde plus beau, plus respectueux des différences – les deux yeux – et de la nature.

Du nord au sud du continent américain, il existe une quarantaine de noms pour désigner le puma : lion des montagnes, cougar, longue queue, tigre rouge, tigre poltron ou lion du Chili. Certaines tribus indiennes d'Amérique du Nord le surnommaient fantôme des montagnes pour son aptitude à se déplacer en silence ou *Kay Pacha* chez les Quechuas, divinité du monde terrestre, symbole de puissance et de vie. Bruce était né à Buenos Aires, au numéro 3000 de l'avenue de la República de la India, l'adresse du zoo de la ville, et devait son prénom à sa marraine, une actrice de télévision portègne, qui l'avait choisi en hommage à Bruce Lee dont elle admirait le style et les feulements. Rejeté par sa mère à la naissance, le puma avait été élevé par Filoute, la chatte du gardien du zoo. S'il ne pesait que cinq cents grammes à la naissance, Bruce faisait dix fois la taille de sa mère au moment où celle-ci, qui l'avait adopté tardivement, décéda. Peu de temps après, le zoo accepta une proposition d'échange et céda Bruce, qui n'avait pas encore atteint sa maturité sexuelle, contre un couple de guépards.

Contrairement à Jad-bal-ja, dont la placidité pouvait laisser penser qu'il n'était qu'un roi fainéant, Bruce semblait toujours à la recherche d'une proie que son instinct lui imposait de trouver, un lapin, un tatou, un raton laveur, autant d'espèces qu'il n'avait jamais vues et avec lesquelles il n'avait pu s'exercer à la chasse, car pour son infortune et la grande déception d'un certain nombre de visiteurs, l'éthique du Parc voulait qu'on ne donnât pas d'animaux vivants aux pensionnaires.

Bruce disposait d'un espace de trois cent cinquante mètres carrés en extérieur, et d'une surface deux fois inférieure dans la partie abritée du zeppelin, l'équivalent d'un appartement avec jardin, pour un animal dont le territoire couvre d'ordinaire deux cent cinquante kilomètres carrés, soit un peu plus de la superficie d'une ville comme Boston. La fauverie abritait aussi un jaguar, une famille d'ocelots, un couple de caracals et un autre de lynx ibériques.

La notice pédagogique du puma indiquait qu'il était le félin le plus performant de la planète, un chasseur polyvalent adapté à toutes les géographies du continent américain, de la montagne aux marécages, à l'aise au niveau de la mer comme à cinq mille mètres d'altitude, qui savait nager, grimper, et qui détenait le titre de meilleur sauteur terrestre avec douze mètres en longueur et cinq en hauteur. Sans élan. Le puma attrape sa proie une fois sur deux, quand le guépard n'y parvient qu'une fois sur cinq. De quoi autoriser tout complexe de supériorité, défaut attribué d'ordinaire à ses compatriotes humains par les peuples des pays voisins.

ROMÉO ET JULIETTE

Le guichetier regarda sa montre, fit coulisser le volet de plexiglas, et une trémulation parcourut la mince colonne de visiteurs devant lui comme un serpent qui s'éveille. La météo promettait une journée exceptionnellement chaude. La boutique avait déroulé sa marquise, qui à cette heure ne fabriquait aucune ombre, et remisé à l'intérieur les présentoirs de peluches, de jumelles en plastique et de masques d'animaux, de peur que tous ces polymères ne se mettent à couler comme du camembert ou ne s'enflamment spontanément sous un soleil parti pour battre des records.

Le guichetier glissa les deux billets tarif réduit moins de seize ans sur le ramasse-monnaie et regarda les deux garçons s'éloigner et franchir le portique. L'un était brun et bouclé, la peau granuleuse et le nez court. L'autre, les cheveux blonds et raides et des yeux écartés qui lui conféraient une étrangeté intéressante, parlait d'une voix qui donnait l'impression dans une même phrase de passer à des vitesses différentes, mais jamais la bonne. Les deux garçons traversèrent l'esplanade et pénétrèrent dans la boutique que jouxtaient les toilettes, un petit cube blanc avec entrées séparées selon le sexe. Ils circulèrent entre les rayons, ouvrirent quelques livres, manipulèrent les boussoles, les thermos en aluminium, les kits de survie avec couteau, fourchette, loupe, cordelette et décapsuleur, laissèrent leurs empreintes sur les mugs et les boules à neige et tripotèrent les figurines d'animaux en plastique, lions, singes, girafes, mais aussi dinosaures, licornes et dragons dont l'absence dans le Parc décevait les plus petits et prolongeait la liste déjà longue des duperies dont les adultes étaient capables, du père Noël à la petite souris, en passant par leur propre exemplarité. Un portant proposait des chemisettes, des gilets de randonnée multipoches et des tee-shirts en coton blanc made in Indonesia, avec un gros tampon vert imprimé sur la poitrine qui proclamait *I am an animal*. Le Blond saisit l'un des cintres qu'il plaça devant lui et lut à haute voix dans le miroir du présentoir à casquettes.

— lamina na ma I.

— Essplique, fit le Brun, puis il ajouta, t'es con, en découvrant dans le miroir l'image inversée du tee-shirt.

Ils tournèrent encore dans la boutique et le Blond demanda à la caissière, une femme en blouse verte avec une multitude de tresses qui lui donnaient l'allure d'une Gorgone ou d'un poulpe, s'ils avaient des livres sur les gorilles. La caissière répondit, Pas à ma connaissance, y a pas d'gorilles ici, ni en vrai, ni en livres ni en autre chose. Le Blond haussa les épaules et lança au Brun qui faisait des essais de chapeau de brousse, Allez, on s'arrache. Ils sortirent de la boutique dans le chuintement de la porte automatique, enveloppés d'une bouffée d'air climatisé qui se dissipa dans la chaleur extérieure comme si elle n'avait jamais existé. Ils se dirigèrent vers le rond-point de rendez-vous, un massif fleuri au centre duquel s'élevait, sur un socle de rocaille, le combat de bronze d'un caïman et d'un jaguar, une sculpture du XIXe d'Antoine-Louis Barye. On rapporte que le baron von Humboldt, grand explorateur des Amériques, naturaliste et géographe, n'ayant pu assister à cette confrontation dans la nature, avait réuni les deux animaux dans une pièce et observé leur affrontement, juché sur une armoire. Généralement, le jaguar sort vainqueur de l'épreuve, de même que le grand requin blanc l'emporte sur le crocodile marin et l'hippopotame sur le lion.

Le rond-point de rendez-vous était le point de départ de plusieurs allées, surnommées “pistes”, dont le sol, mélange composite bleu-mauve de granules compressées de plastique recyclé comme il en existe sur les aires de jeu pour enfants, offrait une élasticité sécurisante sous le pied. Un panneau de bois affichait le plan avec le tracé de quatre parcours de visite, bleu, rouge, jaune et vert, et un faisceau de flèches de bois indiquait les directions à suivre.

— Tataaam, fit le Blond en sortant une perche télescopique de son pantalon avec l'étiquette du prix collée sur le tube.

— Merde, putain, préviens !

Il déplia la perche à hauteur de son sexe et la pointa vers le Brun.

— En garde !

— Arrête, dit le Brun en écartant la perche de son ventre.

Il désigna le panneau de bois.

— Flèche bleue, on y go.

Devant La Griffe, café-restaurant à toute heure, un serveur trapu, le poil noir, essuyait les traces de pluie de la veille sur les tables de la terrasse et transpirait déjà dans une chemise à manches courtes fermée par un nœud papillon.

Le Blond donna un coup de coude au Brun et minauda en imitant la vendeuse de la boutique, Y a pas de gorille dans le Parc.

— Et là, y a quoi ? dit le Brun.

Face au café s'étendait une dépression avec un marigot et une zone boueuse où poussaient quelques laitues d'eau, fougères du Congo, massettes à feuilles larges, nymphéas lotus tigré et iris des marais. Le Blond et le Brun approchèrent de la barrière de sécurité et se penchèrent vers la fondrière.

Sur la terrasse de La Griffe, soutenus par des bâtons de marche tels des insectes mutants, trois visiteurs attendaient d'être installés à l'ombre d'un parasol multiple que le serveur déployait en actionnant un treuil fixé sur son mât d'acier. Les deux hommes, un rond, dégarni, chemise sortie du pantalon, l'air épuisé avant même d'entamer la visite, et un grand avec des lunettes Aviator sur un long nez droit, affichaient cet âge où quelques années de plus ou de moins ne changent rien à l'apparence. Un large chapeau de paille au tressage ajouré coiffait la silhouette de danseuse de la femme qui les accompagnait dans une robe d'été blanche imprimée de fleurs vertes, et posait un grillage d'ombre sur un visage que le serveur trouva un peu trop maquillé pour la journée et pour son âge. Le serveur acheva d'ouvrir les parasols et invita le trio à s'asseoir à l'une des tables ombragées. L'image des deux hommes ressuscita en lui le souvenir des statues équestres de Don Quichotte et Sancho Panza qu'il apercevait depuis la terrasse de ce bar à tapas de la Plaza de España à Madrid, où il avait fait la saison. Il aurait pu y ajouter la femme au chapeau de paille dans le rôle de Dulcinée, mais Dulcinée n'ayant pas de statue sur la place, le serveur ignorait que Don Quichotte eût une fiancée, une scolarité arrêtée en seconde l'ayant soustrait à la lecture des aventures de l'ingénieux hidalgo au programme l'année suivante en espagnol première langue. Par ailleurs, rien dans le langage corporel des visiteurs ne laissait supposer que la femme fût en couple avec l'un des deux hommes. Pourtant, ça l'intéressait de savoir ce genre de choses, la situation des gens, essayer de deviner la hauteur du pourboire à venir. Ceux qui donnaient le plus ? Les célibataires, sans l'ombre d'un doute. Les célibataires éprouvaient le besoin d'afficher leur solitude comme un choix qui leur réussissait, ils ne mégotaient pas ou alors n'osaient pas se distinguer en ne laissant rien. Ensuite les couples, surtout les couples récents, chacun cherchait encore à se montrer sous son meilleur jour et à prouver de quelle générosité il était capable, même envers un serveur anonyme qu'il ne reverrait jamais. Plus tard, ils devenaient complices dans le souci d'épargner et d'être les seuls bénéficiaires de leur altruisme. Les couples avec enfant donnaient un peu, un enfant coûte cher, mais ils donnaient, dans l'espoir que d'autres en feraient autant, si un jour leur enfant avait le malheur de devenir serveur. Les provinciaux donnaient pour ne pas avoir l'air de provinciaux. Les Américains et les Allemands donnaient plus avant l'épidémie, mais ils donnaient encore. Les Russes, jamais. Les Chinois non plus, même avant l'épidémie. *Idem* pour les groupes où chacun comptait sur l'autre et tout le monde s'en allait sans rien laisser.

— Trois tonics, s'il vous plaît, demanda le Quichotte au serveur, et il passa une main, les doigts écartés dans ses cheveux blancs, dans un geste où perçait la fierté de son implantation capillaire, habilement zébrée de teinture noire au niveau des tempes.

Il conservait de sa vie aventureuse, navigateur, planteur d'hévéas, plongeur, dans la mer, précisait-il, pas dans la restauration, et moniteur de pas mal de choses, un ventre plat et un hâle qui ne le quittait plus, même en hiver.

— C'est quoi comme animaux ? demanda Sancho lorsque le serveur revint avec les trois tonics, en désignant la fosse de l'autre côté de l'allée et les deux garçons penchés par-dessus la barrière.

— Des marabouts, dit le serveur en résistant à la bonne blague de qualifier les garçons.

Tous les clients n'avaient pas son sens de l'humour.

— Bouts de ficelle... dit Dulcinée qui leva son verre et fit tinter les glaçons comme si elle réclamait le silence. On the rocks...

— Eden-Roc ! répondirent en chœur Sancho et le Quichotte en levant leur verre à leur tour.

C'était le cri de ralliement que lançait l'un des membres du trio quand il éprouvait le besoin de ressusciter le souvenir de leur rencontre, quarante ans plus tôt autour de la piscine de l'hôtel Eden-Roc sur ce qu'on appelait à l'époque la Riviera. Le Quichotte engloutissait dans une suite avec vue sur mer le bénéfice de la vente de son voilier, un ketch bermudien de treize mètres soixante, et Sancho intervenait auprès du management de l'hôtel pour la présentation d'un nouveau produit d'assurance spécifique “Hôtellerie de Luxe”, qui intégrait notamment une protection contre les tentatives d'extorsion, les nuisances à la réputation, les droits à l'image dans le parc et le bâtiment, et autres nouveaux périls de l'époque. Un fils de dix-neuf ans tué dans un accident de la route avait eu raison de son couple quelques années plus tôt et la vie nomade et célibataire de courtier spécialisé avait le mérite de le plonger au cœur d'un mouvement qui lui évitait de penser au désastre passé et lui permettait de se réfugier dans une sociabilité de surface qui décourageait toute tentative d'incursion dans une intimité qu'il n'avait même plus conscience d'avoir cuirassée. Ayant perdu tout intérêt pour une supposée profondeur des choses, il se complaisait depuis dans la superficialité de ses propos et la jouissance du quotidien, ce qui en faisait un compagnon extrêmement peu contrariant.

La rencontre s'était faite au bar, évidemment. Dulcinée se produisait au piano et sans aucun regret pour une carrière de concertiste classique à laquelle elle n'avait pas eu la force de s'accrocher, n'entendant pas se plier à l'ascèse qu'exigeait cette ambition et qui excluait beaucoup de ce qui à son sens faisait l'intérêt de la vie. *La Bohème* était une de ses chansons préférées.

Elle s'éventa avec son chapeau, faisant voleter un carré de cheveux blancs à l'effet faussement décoiffé, prit la rondelle de citron à cheval sur son verre, la plia en deux, mordit dans la demi-lune de pulpe, déposa le cercle d'écorce évidé sur la table et but une gorgée de son tonic. Elle nourrissait depuis longtemps l'inquiétude d'une arthrose qui l'empêcherait de jouer et commençait ses journées par un jus de citron sans eau ni sucre, puis se frictionnait les mains avec la pulpe des deux moitiés du citron en insistant sur les phalanges. Trois fois par semaine, elle donnait des cours à domicile sur un piano droit, un Blüthner Model 10, un instrument d'une grande musicalité qu'elle chérissait et qui l'accompagnait depuis sa sortie du conservatoire, à de jeunes musiciennes en leur prodiguant des conseils qui dépassaient largement le cadre de la musique.

— La quinine possède énormément de bienfaits, dit Sancho en reposant son tonic.

— Le gin aussi, dit le Quichotte.

— Y sont là, dit le Blond en désignant le centre du marigot.

Les deux marabouts émergeaient d'un bouquet de hautes herbes, avec leur grand bec tacheté pareil à des lames de ciseaux rouillées et leur crâne de vieillards chauves atteints de vitiligo où frisottaient quelques rares poils blancs, une physionomie esthétiquement rebutante, mais tellement plus pratique à nettoyer qu'une tête emplumée, quand on doit farfouiller dans la carcasse sanguinolente d'une charogne.

Le couple habitait le marigot, tels deux retraités dépressifs, plutôt avares de leurs mouvements. Juliette, un mètre cinquante-sept, la taille d'Elizabeth Taylor, était plus petite que Roméo, qui la dépassait de huit centimètres, soit la taille de Charlie Chaplin. Les ressemblances s'arrêtaient là. Roméo possédait un goitre qui lui pendait sur la poitrine comme une grosse chaussette de chair remplie d'eau. C'était peut-être quelque chose d'attirant chez les marabouts.

La plaque des marabouts indiquait que le *Leptoptilos crumenifer* est un échassier d'une envergure de deux mètres cinquante, capable de voler jusqu'à une hauteur de quatre mille mètres, le plafond d'un petit avion de tourisme, et qui se nourrit principalement de charognes mais ne dédaigne pas les animaux qui traînassent à ses pieds, genre grenouilles ou serpents. Son espérance de vie est de vingt-cinq ans. Contrairement à la plupart des espèces logées dans le Parc, les locataires du bourbier n'étaient pas nés en captivité. Personne ne se rappelait précisément les conditions de leur arrivée, le turn-over de l'entreprise ayant effacé une partie de la mémoire vivante du lieu. Elles se trouvaient néanmoins consignées dans les archives et auraient pu renseigner n'importe qui, mais le marabout n'est pas un animal qui suscite une sympathie telle qu'on a envie de s'y intéresser.

Jennifer, la tortue des Seychelles, qui ressemblait pourtant à un croisement de reptile et d'acarien géant avec un bec de perroquet, avait droit, elle, à une notice biographique détaillée, intégralement reprise dans les encyclopédies en ligne. Personne n'ignorait que Jennifer, cent soixante-sept ans, était née l'année de la mort d'Alfred de Musset. Elle avait inauguré le zoo en 1907, à l'âge de cinquante et un ans. Jennifer pesait trois cent quatorze kilos et avait connu les joies de la maternité à trente ans, à raison d'une ponte par an d'une vingtaine d'œufs, dont la moitié fertiles, avant d'effectuer le long voyage qui l'avait sortie du sable paradisiaque de l'île de Praslin, dont elle appréciait particulièrement le carex, pour trouver un lœss calcaire, une terre limoneuse et des herbes continentales à sept mille huit cents kilomètres au nord de son foyer d'origine. Jennifer était parrainée depuis peu par une marque de produits alimentaires véganes, son précédent sponsor, la Long Life Insurance Company, fondée en 1857, année de sa naissance, n'ayant pas survécu à la concurrence des banques.

Roméo et Juliette, quant à eux, n'étaient là que depuis treize ans à peine et vivaient dans leur marigot sans rien demander à personne et réciproquement.

Quinze ans plus tôt, ils se trouvaient perchés pour la nuit sur un acacia africain où ils avaient nidifié et dont les épines géantes suffisaient à décourager les prédateurs les moins exigeants ou les moins affamés, car la chair du marabout n'est pas le mets le plus prisé de la savane. Le marabout est grégaire, comme le loup, l'abeille, le cheval ou l'humain, mais la saison des amours avait poussé ces deux-là à choisir un arbre à l'écart, comme d'autres préfèrent garer leur voiture sur un chemin forestier. Une cinquantaine de gazelles de Grant les avaient rejoints sous un ciel sans lune et s'étaient regroupées sous l'acacia pour y passer la nuit elles aussi.

Le ciel, percé d'un milliard d'étoiles, tournait lentement au-dessus de la terre quand des points lumineux comme des lucioles avaient surgi dans la noirceur de la savane. Soudain, les phares avaient découpé la nuit et les voitures avaient bondi tels des fauves, soulevant des nuages de poussière autour de l'acacia. Des hommes accrochés sur les marchepieds ou cramponnés à l'arrière des pick-up s'étaient mis à tirer dans la lumière des phares et des projecteurs fixés sur le toit des cabines. Les gazelles couraient et bondissaient dans les rais de poussière jaune et retombaient lourdement comme des sacs de sable sur la terre invisible. Les balles déchiraient l'air et le raclement des boîtes de vitesses se mêlait au martèlement des sabots et à ces espèces d'éternuements qui sont la façon de crier si particulière des gazelles de Grant. Le choc des corps tamponnés par les véhicules et le bruit des tirs avaient envahi la nuit et après une heure de furie, de déchaînements de moteurs, de détonations et de collisions, les phares s'étaient éloignés dans la nuit, emportant les dépouilles des gazelles entassées à l'arrière des pick-up, leurs jolies têtes aux yeux morts ballottées par les accidents du terrain. Et la poussière était retombée sur la terre, poudrant les flaques de sang comme du sucre glace.

Pendant toute la durée de la séquence, les deux marabouts étaient restés sur l'arbre. Et c'était quelque chose d'inexplicable. N'importe quel oiseau se serait envolé, aurait fui à tire-d'aile, même en pleine nuit, confronté à un tel chaos. Mais pas eux. Quelque chose les avait cloués sur place et ils avaient assisté au carnage du début jusqu'à la fin, figés sur leur branche. Il n'y avait aucune explication à ça qu'un humain puisse avancer, et la trace qu'avait laissée l'événement dans leur cerveau était insondable.

Au matin, les rangers avaient découvert les deux échassiers au pied de l'acacia, immobiles, les pattes dans le sang séché des gazelles. Ils n'avaient pas essayé de fuir ni de voir s'il restait quelque carcasse oubliée dont ils auraient pu profiter. Ils étaient là et regardaient autour d'eux, comme pour s'assurer qu'ils n'avaient pas rêvé, sans manifester aucune crainte devant les humains. Les gardes-chasses les avaient recueillis, et le couple s'était acquitté de sa dette en débarrassant le campement de ses déchets, fruits avariés, épluchures pourries, restes faisandés, charognes de n'importe quoi, insectes, lézards et rongeurs. La tenue du camp s'en trouva grandement améliorée et les deux marabouts s'installèrent dans une nouvelle vie de collaboration domestique, une relation win win où ils s'acquittaient du prix de leur tranquillité par leur talent de nettoyeurs. Ils arpentaient l'espace tels de ténébreux compas, les yeux fixés au sol, et personne, depuis qu'ils avaient été adoptés, ne les avait jamais vus voler, si bien qu'il ne s'était trouvé personne non plus pour penser à leur rogner les ailes, qu'ils écartaient de temps en temps pour s'éventer ou se toiletter. Mais plus jamais ils n'avaient quitté le sol. Ils vécurent ainsi une année, tel un couple de serviteurs discrets, avant que le campement des rangers soit démantelé à la suite d'une réaffectation budgétaire et les deux marabouts transférés au zoo d'Abidjan où un soigneur les baptisa après avoir vu *Roméo + Juliette* au Majestic Cinéma avec Leonardo DiCaprio et Claire Danes.

Un an plus tard, la sécheresse qui s'abattit sur le pays priva ce dernier d'un tiers de sa production de céréales, décima le bétail, provoqua une flambée des prix vertigineuse et la mort de cinquante-cinq animaux de vingt-deux espèces différentes dans l'établissement. La pénurie alimentaire poussa ensuite la population à venir se nourrir au zoo avec les animaux restants. Les autruches, les zèbres, les kangourous et les crocodiles furent les premières victimes de l'opération et seule la mauvaise réputation de la viande de marabout sauva la vie de Roméo et Juliette. Le zoo ferma et les quelques espèces restantes non comestibles furent dispersées et offertes à des structures étrangères susceptibles de pouvoir les accueillir. Le Parc accepta le présent du couple de marabouts, car avant d'être un animal esthétiquement peu engageant, le *Leptoptilos crumenifer* est un symbole de sagesse, et la sagesse, en l'occurrence, commandait d'accepter le don. Le continent africain était pourvoyeur de girafes, d'hippos, de rhinos, de lions, d'éléphants, de gorilles, de guépards, autant de produits hautement attractifs et à forte rentabilité, même si les marabouts n'en font pas partie, et il n'y avait rien à gagner à froisser une institution du continent. Les deux échassiers s'étaient adaptés au Parc et vivaient depuis dans une volonté commune de ne pas se faire remarquer, tel un vieux couple de retraités qui craindrait la faute de goût en s'embrassant dans la rue.

On sait les perroquets capables d'utiliser un langage humain et un vocabulaire d'environ mille mots, ce qui suffit amplement pour vivre en société et travailler dans la plupart des entreprises ou institutions internationales. On sait aussi qu'ils parviennent à dissocier la forme d'un objet de sa couleur et de sa matière. Mais de quelles aptitudes disposent les marabouts ? Personne n'en sait rien. Même pendant la parade amoureuse qui, chez toutes les espèces, revêt un caractère spectaculaire, les marabouts se contentent de claquer du bec sans bouger. C'est maigre. Peut-être les femelles admirent-elles cette retenue. Les marabouts ne font pas non plus l'effort de séduire les ornithologues pour être étudiés, si bien qu'il est difficile dans ces conditions de savoir ce dont est capable un marabout ou simplement d'avoir une idée de son humeur.

Avec sa tête de vieux notaire congestionné, Roméo explorait les herbes de son long bec dépigmenté, comme s'il avait perdu ses lentilles, et son goitre rose pendouillait d'avant en arrière au rythme de ses pattes qu'il dépliait comme des essuie-glaces à chaque pas. Perchée sur une souche, sentinelle d'un monde où rien n'arrivait, Juliette surveillait ses précautionneuses évolutions.

— J'ai un grand-vieux qui ressemble à ça, dit le Brun, il mange du fromage avec des vers. Une fois par an, on le visite. Quand j'étais gamin, il sortait ses dents de sa bouche et je me foutais à chialer aussi sec, l'enculé, ça ratait jamais, on aurait dit un putain de truc de zombie avec son dentier pourri.

— La gerbe, dit le Blond.

Ils quittèrent les marabouts et continuèrent sur l'allée.

— C'est la fête à l'Ehpad, lança le Brun en désignant la terrasse du café.

— Mon beau-père, y dit qu'y a trop d'vieux, faudrait éliminer ceux qui sont trop malades parce que c'est les gens en bonne santé qui payent.

Ledit beau-père avait convaincu la mère du Blond qu'il lui fallait un homme à la maison après que son mari, à la suite de la naissance de l'enfant, l'avait quittée pour un autre homme sans laisser d'adresse. On savait juste qu'il était vivant, mais la police n'était pas autorisée à dire où, chacun étant libre de changer de vie s'il n'a pas à faire avec la justice. Le Blond ne parlait que depuis peu de son beau-père, ayant cru durant toute son enfance qu'il était son père biologique, sa mère ayant jugé préférable de lui cacher sa filiation. Jusqu'à ce que ledit beau-père, déçu par les performances scolaires de l'enfant dans lequel il ne se reconnaissait pas, et par son aversion pour le sport, lui révèle la vérité après que le garçon eut manqué un lancer au panier de basket fixé à la porte du garage.

Ils atteignirent l'enclos des chevaux de Przewalski, un cheval rustique avec une grosse tête, comme ceux des grottes préhistoriques, et qu'on tentait de réintroduire en Mongolie.

— Des bourrins dans un zoo, sûr, ça vaut le coup de payer, dit le Blond d'une voix qui s'érailla sur la fin.

— Cherchez l'erreur ! commenta le Brun lorsqu'ils aperçurent dans l'enclos mitoyen les antilopes nilgauts, un bovidé avec un gros corps musclé et une toute petite tête, à l'inverse du gnou sur qui la nature a essayé le contraire, parce que des fois, il faut voir porté.

Ils dépassèrent ensuite les wallabys de Bennett qui grignotaient des bouts d'écorces entre leurs petites pattes sur un grand carré d'herbe où s'épanouissait un bouquet d'eucalyptus. Les wallabys ne daignèrent pas lever la tête au passage des deux humains, peut-être fâchés de n'avoir pas droit au titre officiel de "kangourous", club réservé aux marsupiaux de grande taille et dont la porte restait fermée à leur gabarit réduit. Puis les garçons longèrent l'aire des autruches et des nandous, un terrain de gravier piqué de touffes de végétation qui figurait autant la Patagonie qu'un parking d'hypermarché, sans s'attarder sur les oiseaux géants qui arpentaient l'espace à grandes enjambées prudentes, se retournaient, regardaient à droite, à gauche, faisaient quelques pas, se retournaient à nouveau, comme s'ils s'impatientaient du retard d'un autobus.

Ils parvinrent devant l'aire des babouins hamadryas, un singe au museau de chien doté chez les mâles d'une imposante crinière de poils gris sur la partie supérieure du corps, et que les Égyptiens adoraient sous le nom de Thot.

Ils s'arrêtèrent un instant devant l'écran de verre et considérèrent la troupe dans la fosse. Ils frappèrent sur la vitre et s'essayèrent à quelques gesticulations, sans parvenir à attirer l'attention des singes assommés par la chaleur.

DARWIN

La communauté des babouins habitait une vaste fosse de ciment accidentée avec corniches, paliers et gradins, coiffée d'un assemblage de poutres, de troncs et de cordages qui leur permettait de parcourir l'intégralité de leur territoire sans avoir à poser pied à terre, même s'ils passaient l'essentiel de leur temps au sol.

Bien que généralement harmonieuses, les familles babouins, comme les familles mafieuses, nourrissent en leur sein un certain nombre d'individus sans états d'âme dès lors que le pouvoir semble à leur portée. Si la lutte pour sa conquête est la principale source de stress chez les mâles dominants – les dominés vivant dans le confort relatif d'une soumission délivrée des enjeux de la compétition – les babouins, dont l'espérance de vie est d'une vingtaine d'années en liberté, peuvent espérer vivre le double en captivité, tout comme le guépard ou la gazelle, et à l'inverse de l'ours, de l'orque ou de l'humain. Dans la vie sauvage, la présence de prédateurs soude le clan et renforce la cohésion sociale malgré les nombreuses dominances et hiérarchies. Mais en l'absence de prédateurs, cette énergie n'a plus que la communauté comme exutoire.

Darwin était le chef de la horde, quatre ans d'un mandat conquis de haute lutte contre un mâle de son âge.

Perché sur le rocher le plus haut de la fosse, le rocher de la domination, il se faisait épouiller par un de ses jeunes supporters et contemplait ses sujets, le museau levé et les yeux baissés, comme Mussolini du haut de son balcon. Tout le monde pouvait épouiller tout le monde, sans distinction de sexe ou de hiérarchie. En captivité, l'épouillage servait surtout à nettoyer le pelage des poussières et des résidus qui s'y incrustaient et à maintenir les liens entre les membres de la communauté.

En tant que chef, il appartenait à Darwin de régler les conflits, de dicter la justice, de sanctionner les manquements aux règles communautaires, de protéger les femelles, d'arbitrer et de faire en sorte que chacun vive en paix selon son rang dans la hiérarchie complexe du clan. C'était son rôle et il en retirait les avantages dus à sa charge : priorité sur les femelles et sur la nourriture, choix du couchage, obéissance des membres de la communauté. Ces privilèges suscitaient la jalousie de quelques-uns, plus jeunes, qui commençaient à remettre en question la légitimité de Darwin à occuper la fonction et se disaient que le chef avait peut-être fait son temps.

Djeke, Groucho, Chico et Harpo étaient des mâles de haut rang. Chacun possédait son petit harem de quatre à cinq femelles, à l'exception de Harpo qui, pour sa part, avait marqué dès l'enfance une préférence affichée pour la compagnie des mâles. Son orientation sexuelle ne modifiait en rien sa position sociale et il s'était même avéré à l'usage que le fait d'être en couple avec un mâle constituait un avantage certain pour se défendre des autres mâles ou des prédateurs dans la vie sauvage, une stratégie que les armées d'Alexandre pratiquaient avec le succès que l'on sait, mais qui n'explique pas pourquoi les zoologues, au début du XXe siècle, castraient ou lobotomisaient les babouins homosexuels, si ce n'est par frustration de ne pouvoir en faire autant avec leurs congénères.

Djeke, Groucho, Chico et Harpo convoitaient la place de Darwin et ne s'en cachaient pas. En attendant de savoir qui l'emporterait, ils avaient fait alliance, comme n'importe quels seigneurs du Moyen Âge en lutte avec le pouvoir central. Darwin était conscient que tout signe de faiblesse ou d'inattention pouvait remettre en question son leadership et il n'oubliait jamais de rappeler, fût-ce par un simple bâillement, la puissance de ses mâchoires de doberman et la taille de ses canines de lion. Il s'était réveillé, ce jour-là, de fort mauvaise humeur. La veille, Djeke l'avait provoqué en lui lançant une épluchure. Darwin considérait Djeke comme son rival le plus dangereux, le plus fort et sans doute le plus rusé. Groucho était un imbécile à peine capable d'éplucher une banane et Harpo manquait d'expérience. Quant à Chico, malgré sa force et des qualités politiques certaines, il était facilement intimidable. C'était son analyse. Cette aptitude de mâle alpha à comprendre les enjeux, à décrypter les comportements et les stratégies adverses lui valait d'être là où il était, au sommet de la pyramide. Et il avait bien l'intention de s'y maintenir.

Les petits couraient à droite et à gauche, tiraient les poils des grands, leur grimpaient dessus ou s'accrochaient à leur queue puissante. Il arrivait qu'un adulte en attrape un pour l'envoyer valdinguer plus loin ou lui faire un croche-patte qui l'obligeait à se calmer et à aller jouer ailleurs. Les femelles rouspétaient mollement, assommées par la chaleur. Darwin ne manquait jamais de témoigner quelque attention aux enfants, une caresse sur la tête, une aide à grimper, une chatouille. Parfois, il jouait avec eux ou leur enseignait comment peler un fruit avec les mains du bas. Ça plaisait aux mères babouins, dont l'instinct maternel était si développé qu'à l'état sauvage il arrivait qu'une femelle dont le petit avait été tué par un mâle dominant ou un prédateur le remplace par un chiot, qu'elle kidnappait pour l'élever comme un de ses bébés. À l'âge adulte, le chien se transformait en protecteur de sa mère adoptive et de sa progéniture. Ce qu'on appelle un retour sur investissement.

S'intéresser aux enfants permettait de gagner en popularité auprès des mères, et Darwin était parfaitement conscient de l'importance du soutien de la communauté féminine en âge d'influer sur son maintien au pouvoir. À deux reprises déjà, Doris, la femelle alpha matriarche du clan, épaulée par Charlie et d'autres femelles, avait interrompu une réunion de ses opposants qui aurait pu tourner au putsch. Il s'entendait bien avec Charlie, Charlie était une femelle qui se prenait pour un mâle et n'hésitait pas à les affronter pour faire valoir ses vues.

Darwin fit signe au jeune qui inspectait le poil de son épais manteau gris d'arrêter de l'épouiller, jeta un regard sur la fosse et chercha ses compétiteurs des yeux. Djeke dormait, Groucho passait un moment en famille et laissait ses trois derniers enfants lui grimper dessus et lutter à qui chevaucherait son cou, sous l'œil attendri de leur mère. Harpo se faisait épouiller par un compagnon occasionnel. Quand il localisa Chico, celui-ci était en train d'entreprendre Wenga et d'essayer de lui mettre son sexe dans la bouche.

Wenga était une femelle respectée qui aurait pu prétendre diriger la communauté, cela s'était déjà vu, et elle n'aurait pas été la première. Mais elle y avait renoncé pour une raison connue d'elle seule et s'était contentée de gouverner les femelles, comme sa mère l'avait fait, avant de léguer sa place dans la hiérarchie des dominantes à Doris, sa fille aînée. Wenga était âgée et Chico n'avait pas l'excuse d'une jeune en chaleur dont les organes génitaux rouge vif l'auraient stimulé. Et sa tentative était d'autant plus intolérable qu'au-delà de sa position sociale, Wenga était la mère de Darwin.

Crinière gonflée, face crispée, babines retroussées sur son museau de chien, Darwin dévala le rocher à une vitesse impressionnante et il ne lui fallut pas trois bonds pour traverser la fosse et fondre sur Chico dans un cri de rage. Le jeune mâle parvint à se détacher in extremis de Wenga et s'enfuit de l'autre côté de la fosse chercher appui auprès de Djeke, laissant Darwin avec une touffe de poils dans la main. Mais Djeke n'avait aucune envie d'être mêlé à une dispute dont l'objet ne méritait certainement pas une confrontation avec Darwin. Chico était seul responsable de ce qu'il avait fait, et ce qu'il avait fait ne se faisait pas. Prenant acte de la neutralité de Djeke, Chico entreprit de se rouler par terre en poussant de petits jappements, comme un footballeur roublard dans la surface de réparation. Darwin consentit à accepter ses galipettes serviles et prit acte de sa soumission.

Puis il considéra la fosse d'un regard circulaire, brandit, comme un trophée ou comme une menace, la touffe de poils arrachée à la crinière de Chico et, tandis que celui-ci continuait de jouer les victimes, alla se planter successivement devant Harpo et Groucho en les menaçant de ses petits yeux rouges remplis de rage dans l'ombre de ses arcades sourcilières proéminentes. Ni Harpo ni Groucho n'osèrent soutenir son regard. Groucho feignit d'inspecter ses ongles de pieds et Harpo entreprit de se tirer sur le sexe comme s'il découvrait pour la première fois cette espèce de bolet rose, allongé, terminé par une petite coupole. Darwin ignora Djeke, ce qui était une façon de le remercier de sa neutralité.

Considérant qu'il avait mis les choses au point, il choisit de partir dans les poutres et les cordes et parcourut son territoire, sautant d'agrès en agrès, histoire de montrer qu'il avait aussi la maîtrise des airs, sa crinière tournoyant autour de lui à chaque impulsion comme des algues dans le ressac. Et pour parachever cette réaffirmation de son statut, Darwin attrapa un jeune mâle et fit semblant de copuler avec lui. Voilà, c'était ça dominer, que les provocateurs et les comploteurs se le tiennent pour dit.

Quand il eut fini sa démonstration, il remonta sans hâte sur le rocher de la domination et découvrit les deux garçons derrière l'écran de verre panoramique, presque à sa hauteur. Il ignora leurs grimaces et les coups donnés sur la vitre. Devant l'indifférence du babouin, les adolescents poursuivirent leur chemin.

Mais quand la femme apparut derrière la barrière de verre, quelques minutes plus tard, il en alla tout autrement. Ce n'était pas sa première visite au Parc et Darwin la reconnut aussitôt. Il reconnut sa silhouette, ses cheveux courts, son teint pâle et son odeur que l'air chaud emmenait par-dessus la vitre ; son sexe se durcit presque instantanément.

Le teint blanc, une croix médiévale gothique comme unique boucle d'oreille et une flèche tatouée sur la nuque, la femme portait un pantalon cargo noir multipoches et un débardeur blanc sans soutien-gorge qui révélait une poitrine plate. Un sac à dos léger en tissu pendait mollement dans son dos. Il lui arrivait de se mettre en jupe, mais elle n'aimait pas ça, ou alors avec des collants noirs. Elle admirait Lisbeth Salander, la hackeuse asociale de *Millénium*, et parlait de la sixième extinction avec une autorité et des arguments qu'il était difficile de lui contester.

Deux jours plus tôt, elle aurait pu fêter son vingt-sixième anniversaire, si elle n'avait pas renoncé à ce rituel idiot qui consiste à tenir le compte des années de nuisance d'un individu sur terre comme autant de victoires à célébrer sur le chemin de la défaite finale. Elle ne voyait ses parents qu'en de rares occasions, au cours desquelles elle faisait semblant d'oublier leur responsabilité dans le chaos qui l'avait vue naître.

Darwin se mit à japper, puis commença à tripoter son bolet pour finir par se masturber frénétiquement, ses petits yeux incandescents braqués sur la femme. Son sexe devint démesurément long, fin et rouge. Toutes les femelles humaines ne lui faisaient pas cet effet. Elle avait quelque chose de spécial. Il aurait voulu sauter jusqu'à l'écran, passer par-dessus ou le fracasser, et accrocher cette femelle, et ça le rendait fou de ne pouvoir y parvenir. Mais l'écran était bien trop loin et bien trop haut.

La visiteuse passa sans un regard derrière la baie vitrée, consciente de son pouvoir sur Darwin pour l'avoir déjà expérimenté et disparut à la vue du monarque qui demeura seul avec son érection. Furieux et frustré, il sauta de son perchoir, prêt à mordre n'importe qui ou n'importe quoi, repéra Bambi, une jeune femelle dont les fesses et les organes génitaux écarlates affichaient une fertilité nouvelle, la rejoignit en courant comme un chien, sa baguette écarlate entre les pattes agitée en tous sens et s'introduisit en elle sous les yeux de la communauté et des prétendants au trône qui l'observaient l'œil en coin.

UNE FEMME DÉCIDÉE

Bordée en son milieu par une plantation de bambous qui faisaient tomber d'un à deux degrés la température ambiante, la côte du Puma menait au vieux bâtiment, puis rejoignait l'allée Nord. La femme s'arrêta entre les grandes tiges vertes pour écouter le bruissement des longues feuilles, mais les cannes demeuraient silencieuses dans l'air immobile. Elle passa la main sur son cou, essuya la fine pellicule de transpiration qui couvrait sa peau pâle et pinça le bas de son débardeur qu'elle secoua pour faire circuler l'air en dessous. Elle fouilla ensuite dans l'une des poches de son pantalon cargo, sentit la clef du bout des doigts, l'attrapa et frotta son pouce plusieurs fois contre le métal dentelé. Il lui avait fallu pas moins de cinq semaines pour l'obtenir. Le plan se déroulait sans accroc. Elle avait d'abord repéré le café où se retrouvaient chaque jour en fin de service des employés du Parc, une demi-douzaine d'hommes, un peu plus en fin de semaine, parfois une ou deux femmes, pour une bière ou un verre de blanc. Elle avait fréquenté le café, joué le rôle de l'étudiante avec son portable, sympathisé avec le patron, écouté les conversations, échangé quelques banalités d'approche, répondu à la question de la flèche sur sa nuque, accepté un verre offert à distance, pour au final rejoindre le groupe au comptoir. Elle avait fini par identifier un type d'une trentaine d'années avec une surcharge pondérale, un nez de cochon, des cheveux ras et une houppette grotesque teinte en vert dressée sur le devant, tel un gros Tintin détourné.

Elle se remit en marche et parvint devant la cage de Bruce le puma, face à la volière. C'était la bizarrerie du Parc. Un grand nombre d'espèces différentes qui n'avaient aucune chance de se rencontrer dans la nature voisinaient dans les parcs. Les yaks et les tapirs, les girafes et les kangourous, les dromadaires et les autruches, personne n'y voyait d'inconvénient. Mais on évitait de mettre un tigre face à une chèvre, un prédateur face à une proie. Ça excitait le premier et stressait la seconde. De même qu'on évitait de placer deux mâles dominants dans un espace restreint. Lors du réaménagement du Parc, on avait fait tourner un logiciel pour trouver une solution, mais quelle que soit la redistribution des zones animales et des zones de services, une fois prises en compte les contraintes de chaque espèce, les logiques de circulation, les exigences de la topologie et l'inamovibilité du zeppelin classé, le cabinet d'architecte en charge de la refonte tombait immanquablement sur la grande volière face à un félin, un défaut de conception initial irréductible, un angle mort de l'intelligence artificielle, un mystère comme celui de l'Atlantide. Il y avait donc la volière face à Bruce et, conséquence de cette promiscuité, une surmortalité prévisible chez certains oiseaux que les cris du puma oppressaient.

On aurait pu supprimer la volière et sa végétation tropicale, palmier des Bermudes, bananier, arbre du voyageur, ficus, fougères arborescentes, poivrier, mais il avait été convenu qu'un pourcentage de crises cardiaques sensiblement supérieur à la moyenne était acceptable si l'on voulait conserver la clientèle réduite mais passionnée des ornithologues amateurs, qui représentait un taux exceptionnellement élevé d'abonnements annuels. La surmortalité de la volière n'avait pas d'incidence forte sur la mortalité moyenne du Parc. Dix-sept pour cent du stock total des animaux mouraient chaque année dans les jardins zoologiques du continent, mais comme pour les hôtels, les prisons, les hôpitaux ou les écoles, la statistique ne reflétait pas la diversité des situations et des espèces concernées. La mortalité moyenne générale du Parc demeurait inférieure à la moyenne nationale et son directeur se plaisait à rappeler qu'il se trouvait dans le top five des établissements les mieux notés du pays, ce qui voulait dire cinquième, sinon il aurait parlé de top four.

Comme chez les humains, tous les oiseaux ne sont pas égaux devant le stress. Les perroquets gris d'Afrique ou du Gabon, ainsi que quelques autres, qualifiés par l'homme de *très intelligents*, et l'homme sait de quoi il parle, avaient vite compris que Bruce dans sa cage ne pouvait les atteindre, pas plus qu'ils ne pouvaient sortir de leur volière, même s'il n'était pas interdit de réfléchir aux moyens d'y parvenir. Jack, un ara rouge originaire d'Amazonie, extrémité des ailes bleu vif et dos jaune d'or, avait pris pour habitude de se moquer de Bruce et répondait à ses feulements et rauquements par des cris identiques. Il lui arrivait aussi d'utiliser ses exceptionnels talents d'imitateur pour tourmenter les pensionnaires les plus sensibles de la volière, comme les kookaburras rieurs et les pirolles à bec rouge que chaque éclat du fauve affolait comme s'ils l'entendaient pour la première fois. Les perroquets gris d'Afrique battaient alors des ailes comme on apprécie une bonne blague. Rien n'indiquait que le puma, de son côté, goûtait cette forme d'humour, tout au plus avait-il eu l'air surpris, au début, d'entendre l'éclat d'un congénère invisible qu'il avait fini par ignorer.

Mais ce qui intéressait Bruce le puma, à cet instant précis, n'avait rien à voir avec la volière ni avec la femme qui venait d'apparaître devant sa vitre. Comme nombre de locataires du Parc, Bruce portait peu d'intérêt à son public. Non, ce qui venait d'attirer son attention nichait sous la souche du tronc d'épicéa abouté à la corniche. D'imperceptibles grattements. Il tourna d'abord autour de la grume, se baissa, puis roula sur le dos pour essayer d'apercevoir la chose, la tête renversée, les yeux plus près du sol. Elle était là, c'était son odeur. Mais il ne la voyait pas. Il se remit sur ses pattes, tourna à nouveau autour de la souche comme un gros chat, dans un sens puis dans l'autre, recula, agita sa longue queue comme un ruban de gymnastique et pour finir, grimpa sur le tronc incliné d'où il dominait la souche et attendit. Mais le bruit avait cessé. Comme rien ne bougeait, il se désintéressa de la chose, remonta le long du tronc en deux foulées et sauta sur la corniche de béton où il s'allongea, sa longue queue pendulant dans le vide, avec la régularité suisse d'un balancier d'horloge.

La femme considéra le puma dans son décor de sierra. Un chat dans une animalerie, voilà à quoi on avait réduit le félin, une saleté de simulacre. Les animaux étaient des produits et les zoos, des entreprises de divertissement et de commerce dont le réseau s'étendait à toute la planète. La vérité était là. Les programmes de développement et de préservation de la vie sauvage n'étaient qu'une façade, un mensonge destiné à faire oublier l'unique moteur de l'industrie, la recherche du profit. La protection des espèces ? Une arnaque marketing. Le système reposait sur l'exploitation d'une population d'exilés parqués dans des camps. Leur sauvagerie n'était plus qu'une apparence offerte au public contre argent comptant. Séparation des bébés et des parents, dislocation des groupes et des familles, déportations, privation de liberté, espaces confinés. La liste des maltraitances infligées à l'ensemble des espèces était infinie. Dressages d'orques et d'otaries, chevaux de guerre, de trait, de courses, taureaux de combat, éléphants porteurs de grumes, dauphins poseurs de mines, chiens douaniers toxicomanes, singes de laboratoires, bœufs de labour, chameaux de bât, une population innombrable soumise à l'enfermement et l'esclavage d'une vie domestique ou pire, produits d'élevages industriels, mammifères, volailles, poissons, engraissés, égorgés, dépecés, ébouillantés, démembrés, asphyxiés, lacérés, électrocutés, broyés au terme d'une vie raccourcie de pure terreur. Mille quatre cents milliards d'animaux aquatiques et terrestres étaient effacés chaque année par l'homme, mille quatre cents milliards, une somme inconcevable, incommunicable. D'où venait cette haine immémoriale ? Il fallait en finir avec l'illusion qu'il était possible de convaincre, qu'il suffisait d'expliquer. On savait, et rien ne changeait jamais. Passer à l'action, s'attaquer aux organisations de façon radicale et spectaculaire, foutre le bordel, c'était la seule solution. La société ne réagissait plus qu'à ça.

Elle avait supporté les inepties du Gros sur les espèces en danger et les générations futures, le baratin habituel, éducation, recherche, conservation, protection, pour les réintroduire quand ça ira mieux. Propagande de merde. On ne réintroduisait jamais aucun grand mammifère nulle part, pour la simple raison que la captivité lui ôtait toute capacité de survie et qu'il se retrouvait en concurrence avec l'homme sur son territoire. On connaissait le résultat de la confrontation. L'homme foutait tout en l'air.

On faisait même croire à la protection d'espèces qui n'existaient pas. Les tigres blancs d'Indonésie souffraient d'une anomalie génétique. Incapables de se dissimuler et de chasser, leur survie à l'état sauvage était impossible, mais l'industrie continuait d'en produire à la chaîne comme une espèce qui n'en était pourtant pas une. Par quel tour de passe-passe les zoos avaient-ils réussi à être considérés comme des acteurs de la préservation du monde sauvage quand ils favorisaient le trafic d'espèces dont un grand nombre périssaient pendant la capture ?

Le Gros... Elle avait dû faire semblant de s'intéresser à son putain de boulot de garde-chiourme. De quels animaux tu t'occupes ? Comment tu t'y prends ? T'as fait quoi comme formation ? Ça doit être dangereux ? Merci, à la tienne ! Tu leur donnes quoi à bouffer ?

Elle avait lu très vite dans ses yeux son envie de la sauter. Elle avait accepté de le revoir et s'était laissé peloter sous un porche. Tu m'donnes quoi en échange ? J'peux t'montrer les coulisses, si ça t'intéresse, les accès interdits, visite privée, t'es une chanceuse, et elle s'était laissé baiser dans une chambre dont la fenêtre n'avait sans doute jamais été ouverte, pour enfin accéder à son putain de trousseau.

Elle toucha à nouveau les petites crêtes métalliques sur la tranche de la clé au fond de sa poche.

EMMA

Short kaki, ceinture tressée et chemise vert olive aux manches retroussées, au dos de laquelle on pouvait lire en lettres jaunes “Soigneur animalier”, le Gitan sortit sur le seuil du bâtiment de briques rouges, une construction d’un étage à toit plat, bordée par une bande de pelouse fleurie, qui abritait l’administration du Parc. Le corps sec, le nez plus droit qu’un profil grec, les cheveux longs, trop noirs pour ne pas être teints, et une boucle d’oreille en or lui valaient d’être surnommé le Gitan par ses collègues, surnom d’autant plus mérité qu’il lui manquait deux doigts à la main droite, comme Django Reinhardt, perdus dans une vie précédente d’accessoiriste de cinéma en découpant une fausse poutre pour un décor de brasserie alsacienne. Il lui restait le pouce, l’index et le majeur pour tenir un stylo, un couteau ou n’importe quoi d’autre. Il était arrivé qu’un réalisateur ou un directeur de casting, séduit par son physique exotique, lui propose une figuration. Il avait côtoyé quelques célébrités, mais aucune ne l’avait impressionné autant que Kanzi, qu’il avait découvert un soir d’insomnie dont ses deux doigts manquants étaient la cause, dans le documentaire *The Ape of Genius*. Kanzi était un bonobo qui comprenait trois mille mots parlés, maîtrisait trois cent cinquante symboles et utilisait un clavier. Capable de battre n'importe quel humain au jeu de mémoriser en un temps record dix chiffres répartis en désordre sur un écran et de les restituer à leur place, Kanzi n'était pas seulement un intellectuel. Kanzi savait faire du feu, fabriquer une brochette de marshmallows avec une branche élaguée et la faire rôtir, comme n'importe quel Américain. Kanzi était aussi un artiste et ses toiles atteignaient une cote que lui enviaient bien des peintres humains. Une sorte de Léonard de Vinci chimpanzé. Et, comme il arrive dans bien des familles d'artistes, de Bruegel à Bach, son fils Teco s'était lui aussi mis à la peinture.

Après une formation de dix-huit mois, le Gitan avait obtenu sa certification de soigneur animalier et la confirmation qu'il se sentait plus à l'aise dans la fréquentation des animaux que dans celle des gens de cinéma, préférant l'odeur des cages et des litières à celle des colles, peintures, résines et solvants dans laquelle évoluent les accessoiristes.

Les animaux étaient nourris avant l'ouverture du parc. Les singes, les flamants, les autruches, les wallabys, les tapirs et les phacochères dont il avait la charge, tout le monde avait eu droit à son seau de nourriture, préparée la veille selon les directives du vétérinaire. C'était l'occasion d'observer les comportements et de vérifier que personne ne manquait à l'appel. Certaines espèces, comme les singes, bénéficiaient de quatre services par jour, pour leurs besoins énergétiques et parce que les repas ont l'avantage d'éviter l'ennui.

Le Gitan regarda sa montre et jeta son chewing-gum dans la gueule d'une poubelle hippopotame en plastique vert. Son carnet d'annotations à la main, il longea le serpentarium et l'insectarium, un double bâtiment peint en blanc. Le serpentarium hébergeait quelques espèces intéressantes, le fameux taïpan du désert, mais aussi une vipère heurtante, un cobra *Naja naja* et certains beaux spécimens de boas, comme l'imperator et un constrictor de près de quatre mètres dont la peau mordorée, imprimée de losanges noirs marqués d'un trait blanc au centre, avait les qualités graphiques d'un tissage mexicain. Dans le bâtiment des insectes, mitoyen du serpentarium, la mygale, la mante religieuse et le bâton du diable, un phasme qui se déguise en brindille, occupaient le podium de la curiosité. En face de l'insectarium, Jennifer, la tortue géante, dans son enclos partiellement ombragé par un manguier stérile, ne faisait rien de vraiment intéressant et se contentait de déplacer, de temps en temps, sa lourde carapace vers des choux coupés en deux qui traînaient sur le sol. Mais à près de cent soixante-dix ans, elle n'avait pas non plus besoin de faire grand-chose pour être intéressante. De nombreux visiteurs, cependant, croyant passer devant un rocher, ignoraient Jennifer immobile dans son coin, d'autant que son enclos voisinait la grande mare des flamants, posés sur leurs reflets tels des signes typographiques dont le rose attirait l'œil comme un coup de feutre fluorescent dans le paysage.

Le briefing du matin avait mis le Gitan en retard. Emma l'attendait. Emma vivait à la pointe du vieux zeppelin, dans un espace vitré sur trois côtés et couvert par un toit grillagé. Elle jouissait aussi d'un espace abrité à l'intérieur de la singerie, auquel elle accédait par le mur du fond. Emma vivait seule dans un trois cents mètres carrés, ce qui pour un célibataire humain est sans doute suffisant. Elle aimait bien le Gitan, mais pour ce qui était des autres qui se pressaient derrière la vitre, elle trouvait pénible d'être tout le temps observée. Tout le monde trouvait ça pénible. Les fauves trouvaient ça pénible, les oiseaux trouvaient ça pénible, les singes aussi. Être observé à longueur de journée. Ne pas pouvoir se cacher, se dissimuler, ne pas avoir d'intimité quand on en a besoin ou envie, ça n'était pas naturel.

Emma était coiffée d'une espèce de soucoupe volante de cheveux orange comme un chanteur des années 1960 ou un moine de camembert et donnait l'impression d'avoir enfilé une combinaison en faux poils longs et roux qui en fait étaient vrais. Elle était sponsorisée par une marque de rasoirs jetables qui axait sa communication sur l'humour, et ses yeux en amande bordés de cils roux lui valaient régulièrement d'être traitée de mongolienne par les enfants. Emma venait de Bornéo où son nom, orang-outan, signifie *homme des forêts*. Chaque soir, elle construisait son nid au milieu des poutres, des agrès et des fausses fourches d'arbres, avec les sacs de jute, les toiles plastifiées et la paille que le Gitan, son soigneur, mettait à sa disposition pour améliorer le confort de sa couche, les orangs-outans étant les seuls primates, avec l'homme, à posséder des fesses sensibles, dépourvues de callosités.

En liberté, les orangs-outans ne descendent jamais à terre, sauf les grands mâles suffisamment sûrs d'eux, mais en captivité Emma avait compris qu'aucun prédateur ne rôdait jamais dans les parages. Lorsqu'Emma descendait à terre, elle aimait rouler un gros tonneau bleu en plastique dont elle appréciait la sonorité creuse sur le ciment. Kidnappée à l'adolescence par des humains, elle s'était retrouvée à l'âge adulte dans un bordel de Jakarta où elle gagnait ses bananes en servant de femelle exotique à des clients en quête d'une expérience sortant de l'ordinaire. Or une femme des forêts constitue assurément une promesse de plaisir rare, puisque son prix dépassait celui de la plus chère des pensionnaires du lieu, une jeune Indonésienne teinte en blonde, cheveux et pubis. Jusqu'à ce qu'une organisation internationale oblige les autorités à intervenir et à délivrer Emma pour la confier au zoo de la ville, lequel l'échangea par la suite contre un couple de loups gris bien plus exotiques. Elle avait trente-huit ans et n'avait pas touché un arbre depuis trente ans.

Emma était solitaire, comme la plupart des orangs-outans qui, à l'état sauvage, choisissent le célibat. Cela ne l'avait pas empêchée de connaître les plaisirs de la chair consentis avec des amants occasionnels, trois pour être précis. Elle s'était comportée, à l'occasion, comme toute femelle orang-outan. Elle avait pris son temps en caresses préliminaires et son partenaire en avait fait autant, comme tous les mâles orangs-outans, et ils s'étaient accouplés en face à face. Bien que répétée à plusieurs reprises, l'expérience ne déboucha sur aucune grossesse. Le vétérinaire penchait pour une stérilité psychosomatique, probablement liée au passé d'Emma, car les analyses effectuées ne montraient aucune impossibilité génétique, ni de son côté, ni de celui de ses partenaires. Toute tentative pour la faire cohabiter avec un potentiel géniteur pour accroître les chances de reproduction s'était avérée vaine. Emma s'était montrée maussade et querelleuse, mais comme dans bien des couples, les torts étaient sans doute partagés.

Emma aimait la voix du Gitan et réagissait à ses paroles par des œillades, des mimiques et des postures. Elle lui était reconnaissante des efforts qu'il faisait pour la sortir de la monotonie de sa condition. Elle avait apprécié les grandes frites de piscine en mousse qu'elle nouait entre elles ou s'enroulait autour des jambes, elle avait joué avec le gros ballon rebondissant dont elle suivait les évolutions colorées quand elle l'envoyait dans les agrès, du dos de la main, elle avait écouté le bâton de pluie, le bruit en spirale des dizaines de fragments de pierre de lave qui s'écoulaient dans le corps creux du cactus comme une pluie de cristal, et elle avait aimé l'ardoise souple et les craies mises à sa disposition. Elle avait pris une craie et s'était mise à dessiner sans qu'il y ait eu besoin de lui montrer. Elle avait tracé un trait jaune sur la surface noire, puis elle avait pris une craie rouge et tracé un autre trait et ensuite une craie bleue pour ébaucher une forme circulaire, comme si elle vérifiait que toutes fonctionnaient. Mais l'expérience avait tourné court quand Emma s'était mise à manger les craies, car rien ne laissait penser que les craies étaient bonnes pour un organisme de primate, même si après tout c'était du calcium. En accord avec le vétérinaire et la direction, le Gitan avait fourni à Emma des peintures à base de pigments naturels pour teindre les textiles, cochenille, aulne, curcuma, indigo, carotte, chlorophyle. Mais Emma n'avait montré aucun intérêt pour ces substituts. Ce qu'elle aimait, c'étaient les craies, plus que le dessin ou la peinture. Les humains non plus n'ont pas tous envie de devenir Rembrandt ou Picasso, et peut-être Emma aurait-elle préféré faire de la musique avec ses longs doigts, bien plus longs que ceux de Liszt, pourtant remarquables, et ses pieds de quadrumane dont la dextérité dépassait de loin celle de Jerry Lee Lewis.

Emma reposait à huit mètres de hauteur dans son filet de cordes quand le Gitan arriva devant la cage. Elle le regarda s'asseoir à l'ombre de l'auvent avec son carnet de notes, en se grattant les fesses. Puis elle attrapa une corde, se laissa glisser jusqu'au sol, trottina vers la vitre sur ses petites pattes trapues, bras écartés pour éviter qu'ils traînent à terre, et vint coller sa grande bouche ouverte contre la vitre. Le Gitan sourit et Emma mit sa longue main noire devant ses yeux avant d'écarter les doigts et de regarder le soigneur à travers. Puis elle découvrit ses dents, qui n'avaient rien d'hollywoodiennes, frappa dans ses mains, deux fois, se gratta les fesses à nouveau, écarta le gros bidon bleu d'une poussée et remonta dans son filet avec la même facilité qu'elle en était descendue, à la simple force des bras.

Le Gitan entendit les adolescents avant qu'ils se présentent devant la cage d'Emma. Le Blond tenait sa perche télescopique comme une machette dans la jungle et le Brun regardait son téléphone. Ni l'un ni l'autre ne remarqua la présence du Gitan assis dans l'ombre.

— Tu vois ! dit le Blond en approchant de la vitre.

— Tu vois quoi ? On voit rien.

— Justement, dit le Blond.

— Ça prouve rien, dit le Brun. C'est pas un gorille.

— Merci, mais les gorilles c'est pareil, la bite, tu la vois pas.

— C'est pas un gorille.

— Elle est minuscule quand même.

— J'ai soif.

— Les explorateurs y boivent leur pisse. (Il mit la main dans son pantalon et fit ressortir son index par la braguette.) Tu veux ?

— T'es vraiment trop con.

— Eh, p'tite bite ! lança le Blond dans une propulsion d'aigus involontaires en cognant sur la vitre avec sa perche.

Le Gitan referma son carnet et soupira. C'était toujours la même histoire, il y avait ceux qui grimaçaient devant les singes et tapaient sur les vitres, ceux qui sifflaient les oiseaux, ceux qui hurlaient avec les loups, ceux qui cherchaient à provoquer les lions. Comme si c'était aux animaux de s'intéresser aux visiteurs.

— On tape pas sur les vitres, dit le Gitan. Elle s'appelle Emma, c'est écrit sur la pancarte, et il désigna du menton la plaque à hauteur de fauteuil roulant.

Le Blond et le Brun se retournèrent dans un même mouvement et découvrirent le Gitan sous l'auvent. Le Blond plissa des yeux comme pour mieux distinguer le soigneur dans l'ombre et lui trouva une ressemblance avec les faux Indiens des vieux films pourris de son beau-père. Le Brun remarqua la main du soigneur et se demanda quel genre d'animal avait pu faire ça. Puis il se pencha vers la plaque.

— Ça dit que c'est le seul grand singe d'Asie et que les femelles ont pas de bite.

— Drôle, lâcha le Blond.

— J'déconne, les mâles ont un disque facial, c'est à ça qu'on les reconnaît, et il mit ses deux mains ouvertes de chaque côté de son visage.

Le Blond mima un DJ en train de mixer.

— Disqueu-facial, disqueu-facial...

— J'ai soif, dit le Brun.

— J'ai plus une thune. (Il se tourna vers le Gitan.) C'est intelligent, un singe comme ça ?

— Ça dépend comparé à qui, répondit le Gitan, il y en a qui maîtrisent plusieurs centaines de signes.

— C'est une intello, alors ? dit le Blond en regardant Emma.

— Et ils savent quand on se moque d'eux.

— Comment on sait qu'y savent ? demanda le Brun.

— Tous les grands mammifères, dit le Gitan, des expériences scientifiques. Un chat qui rate un saut, si quelqu'un rigole, il a honte, ça se voit.

— Ou un chien qui se prend une porte, dit le Brun.

— Et elle, elle fait quoi ? demanda le Blond en désignant Emma.

— Vous savez ce qu'on dit en Indonésie ?

— On cause pas l'indonésien, dit le Blond.

— On dit que si l'orang-outan ne parle pas, c'est pour ne pas avoir à travailler.

— J'ai soif, dit le Brun.

— On le saura. Y a une fontaine pas loin ?

— En haut de la côte, dit le Gitan, c'est la seule.

C'était une des exigences du gérant de La Griffe, qu'il n'y ait qu'une seule fontaine d'eau potable gratuite dans le Parc et qu'elle soit située à l'opposé du café, *pour des raisons de concurrence déloyale évidentes.*

— Eh ben, on y go, dit le Blond, et il leva la tête vers Emma dans son nid.

— Salut, ma poule.

Les deux s'éloignèrent et le Gitan resta encore un moment. Assise dans son filet, Emma croisa ses longs bras sur ses seins de cuir noir, sembla se bercer un instant, se gratta le nez, changea de position, se gratta la tête, regarda ses ongles noirs comme des élytres de scarabées, ses grands doigts délicats, l'intérieur de sa paume, puis tourna ses yeux en amande vers le soigneur huit mètres sous elle. Sans cesser de regarder le Gitan, elle attrapa d'une main une corde qui pendait à proximité, dans un grand geste lent, se dégagea du filet et se servant de son corps en forme de poire comme d'un pendule, atteignit une structure de poutres entrecroisées où elle s'allongea avec un profond soupir, les bras étendus de chaque côté, tel un christ clownesque.

Le Gitan nota sur son cahier que le grand singe semblait ménager sa hanche droite. De l'arthrose peut-être, à moins qu'elle se soit cognée, il en ferait part au vétérinaire. Il manquait de la paille et de la toile de jute pour le nid et les crottes commençaient à s'accumuler sur le sol comme des petits galets noirs. Il écrivit "selles moulées" dans son cahier. Du haut de sa poutre, allongée sur le dos, Emma bascula sa grosse tête vers le soigneur et laissa échapper une dentelle d'urine qui rebondit sur le plastique du tonneau bleu avec un bruit de fût de batterie qui sembla la ravir.

— Merci, dit le Gitan, jolie musique.

Si les soigneurs pouvaient parler aux animaux, ils n'étaient en revanche pas autorisés à les toucher, même ceux qui ne risquaient pas de leur arracher une main, sectionner un doigt ou balafrer le visage. Aucune interaction physique, en dehors des manipulations vétérinaires, telle était la politique de l'établissement, pas même avec les lémuriens qui, dans d'autres parcs, mangeaient dans la main des soigneurs.

Emma ne réagit pas au commentaire du soigneur et se contenta de le regarder en clignant de ses petits yeux mélancoliques.

Le Gitan se leva, embrassa le bout de ses doigts et souffla dessus en direction de la femme des forêts.

— À plus tard, princesse.

Emma soupira. Elle soupirait souvent. À quoi rêvait-elle ? se demandait le Gitan. Tous les mammifères rêvaient et les oiseaux aussi. Ce qu'on ne savait pas, c'était de quoi ils rêvaient et s'ils s'en souvenaient. Emma rêvait-elle de sa vie d'avant ?

Quand le Gitan fut parti, Emma s'assit sur la poutre où elle était allongée et entreprit de se coiffer. Elle divisa la frange de sa coupe au bol par une raie au milieu et lissa ses cheveux roux de chaque côté des tempes avec la paume de ses mains noires. La gérante du bordel qui l'employait à Jakarta avait pour habitude de se promener dans les couloirs en brossant ses longs cheveux corbeau devant un miroir à main ovale en argent, et comme Emma semblait curieuse de cette routine, un jour, la femme lui avait tendu le miroir. Emma avait empoigné le manche d'argent, avait d'abord examiné le dos ouvragé de l'objet, puis l'avait retourné et s'était découverte dans la surface réfléchissante. Elle avait observé de longues secondes le singe devant elle avant de s'essayer à quelques grimaces qui lui confirmèrent que c'était bien son reflet qu'elle contemplait. Elle avait tiré sur ses lèvres avec ses doigts, tripoté ses oreilles, mis ses grands bras par-dessus la tête, ouvert grand la bouche pour en examiner l'intérieur qu'elle n'avait jamais vu et touché ses dents du bout des doigts. Elle s'était tournée pour observer son dos et avait passé la main le long de sa colonne vertébrale. Pour finir, elle avait regardé son employeuse et pointé la brosse du doigt. La tenancière lui avait donné la brosse et la femme des forêts avait à son tour brossé ses cheveux orange de chaque côté de la tête.

Emma n'avait plus ni miroir ni brosse, mais continuait de se peigner avec les doigts et les paumes. Les visiteurs qui la voyaient faire riaient de cette parodie de séduction comme ils auraient ri de Gloria Swanson à la fin de *Sunset Boulevard*. C'était tout ce qui lui restait de cette époque, qu'un humain pouvait observer.

LA GESTION DES COLLECTIONS

Il était encore tôt mais le soleil amollissait déjà le sol des allées synthétiques. Le Gitan préférait ça au froid de l'hiver, quand il faisait encore nuit et que les bêtes avaient du mal à s'éveiller. C'est le matin qu'on découvrait les animaux morts, avant que le Parc ouvre ses portes. L'hiver précédent, il avait trouvé un jeune macaque allongé sur le dos. Les macaques se battent rarement, et le corps ne portait aucune trace de morsure ni de griffure. Des flocons de neige pailletaient son poil gris et se posaient au sol avant de s'évanouir en taches mouillées. La communauté s'était écartée du corps et l'observait à distance. Seule sa mère, assise près de lui, s'obstinait à secouer doucement son fils comme si elle s'efforçait de le croire endormi. Ça faisait quelque chose de découvrir un animal qu'on avait vu naître étendu sur le ciment. L'autopsie avait conclu qu'il était tombé des agrès.

Quand ils partaient, c'était différent. On savait à l'avance qu'un animal était l'objet d'un projet d'échange et, le temps que le coordinateur autorise la rotation, on pouvait s'y préparer. Mais quelle que soit la raison du départ d'un animal, la vision de son espace vide était toujours difficile. Chaque espèce possédait son coordinateur ou sa coordinatrice qui connaissait la localisation et les antécédents familiaux de tous les individus sur le continent dont il avait la charge. Il y avait un responsable de tous les pumas en Europe, un autre pour l'Asie, l'Amérique, un responsable des babouins, des loups, des girafes, etc. Seul le coordinateur, ou la coordinatrice, était en mesure d'autoriser les transferts et de gérer la reproduction en évaluant les risques d'une trop forte consanguinité qui dégraderait le patrimoine génétique de l'espèce.

Si la conservation des espèces est l'une des missions affichées des parcs animaliers, leur préoccupation tient en réalité plus du planning familial que de la promotion d'une politique nataliste. À quoi bon accroître une population qu'on ne peut pas réintroduire ? Soixante-quinze pour cent des femelles du Parc portaient des implants contraceptifs. Sur le papier, cela semble simple. Mais les enfants, eux, veulent voir des bébés animaux.

Il n'est pas rare, dans cet équilibre difficile à maintenir, d'euthanasier des animaux en bonne santé qu'on ne peut conserver, faute de place et de moyens. On appelle ça "gérer les collections".

En approchant de la fosse des babouins, le Gitan ouvrit son cahier et nota l'heure. Le groupe était nerveux. La plupart des individus étaient nés en captivité en pays tempéré et souffraient de la chaleur. Darwin, stressé par les provocations de Djeke, Harpo, Chico et Groucho, avait trouvé refuge dans les bras de Doris, la matriarche, au pied du rocher de la domination, et regardait les membres de sa communauté avec défiance. Les femelles et les enfants essayaient de trouver le sommeil dans les recoins d'ombre. Deux jeunes se disputaient une épluchure de pomme, tandis que les prétendants à la succession s'épouillaient pour resserrer leurs liens sur un gradin de béton, Djeke ne pouvant s'empêcher de toiser le chef avec un tremblement nerveux qui relevait ses babines. Darwin, que ce manège agaçait, finit par s'extraire des bras de sa compagne, bâilla, exhiba ses longues canines et secoua sa crinière. Puis il tourna le dos à ses opposants, prit appui sur ses antérieurs et lâcha trois crottes sur le sol. Parfaitement conscient que la troupe, toujours attentive à son humeur et au moindre de ses faits et gestes, avait enregistré et traduit le sens de son message, Darwin leva les yeux vers le Gitan derrière la vitre, comme s'il tenait à ce que tout le Parc, humains compris, sache en quelle considération il tenait ses compétiteurs.

— OK, mon gars, dit le Gitan à haute voix, le coup du mépris.

Et il consigna ce qu'il venait d'observer. Le jeune Waka était encore sur le dos de sa mère et avait du mal à trouver son autonomie. Il nota une zone sans poils sur le membre postérieur gauche de Chico, une pelade ou une dispute. Il n'était pas non plus impossible que le singe somatise en raison de la concurrence au sommet. En fin de rapport, il écrivit que les provocations des prétendants à la succession de Darwin allaient en augmentant et stressaient la communauté. Sans parler du baromètre qui grimpait.

Le Gitan sortit un élastique de la poche arrière de son pantalon, s'attacha les cheveux en queue de cheval, toucha machinalement sa boucle d'oreille et poursuivit la tournée des singes avant le débriefing de la mi-journée.

TIMEO SINENSIS ET DONA FERENTES

L'air était en suspension, tout était calme et tu, immobile et vide l'étendue du ciel. Félins, singes, oiseaux, bovidés, équidés et reptiles entraient en phase d'économie d'énergie. La canicule pouvait durer six heures, six jours ou six semaines, ils n'en savaient rien, mais aucun d'entre eux ne s'inquiétait d'être ravitaillé en temps et en heure. La quasi-totalité des pensionnaires du Parc était habituée depuis la naissance à trouver à horaires réguliers une nourriture sélectionnée, saine, propre, en quartiers ou prédécoupée, en granules ou sous forme de fourrage, fruits, légumes, poulets entiers, poussins et souris mortes.

La cantine était le centre névralgique du Parc. C'était une pièce rectangulaire, sans fenêtres, éclairée par deux rampes de néons en suspension, pourvue de tables et de chaises à structures tubulaires et plateaux en stratifié dont pas une association caritative n'aurait voulu. C'est dans la cantine, transformée en salle de réunion, que commençait la journée. C'est là qu'avait lieu le briefing du matin avant l'ouverture du Parc, les débriefings de fin de matinée et de fin de journée, là que s'opérait la répartition des tâches, où chacun rendait compte de son travail et de ses observations sous l'œil du planning affiché au mur.

Inspecter les clôtures et les installations, vérifier que personne ne manquait à l'appel, spécialement chez les singes et les oiseaux, dont l'aptitude à s'échapper était notoire, distribuer la nourriture, s'assurer que tous les pensionnaires étaient en bonne santé et nettoyer les espaces, telles étaient les tâches des soigneurs. Nettoyer les espaces était ce qui prenait le plus de temps.

Trois ans passés dans un camp de rangers en Namibie avaient forgé la réputation de la cheffe soigneuse. Parvenir à se faire une place dans un milieu réputé rude envers les femmes n'était pas fréquent. Il y avait bien quelques unités spécialisées, comme les Lionnes du Kenya ou des femmes rangers au Zimbabwe et en Afrique du Sud, mais il s'agissait toujours de femmes de la région entre elles. Une Européenne chez des rangers masculins, il n'y en avait pas beaucoup, il n'y en avait peut-être même pas du tout. Sa petite taille ajoutait à l'étonnement de ceux qui la rencontraient et, à l'approche de la cinquantaine, des pattes-d'oie au coin des yeux, des taches de rousseur sur les ailes du nez et une blondeur prononcée trahissaient un capital soleil largement entamé.

Quand elle pénétra dans la salle pour le débriefing, tous les soigneurs étaient présents, à l'exception du Gros, en congé pour la semaine. Huit hommes, dont un stagiaire équatorien, et deux femmes. La cheffe soigneuse ramassa ses cheveux sous une casquette militaire délavée et fit ressortir une courte queue de cheval par-dessus la languette de serrage en velcro. Elle portait un pantalon de brousse kaki et un tee-shirt de même couleur sous un gilet sans manches multipoches couleur sable. Tic et Tac, les deux agents de maintenance, participaient à la réunion. Leurs surnoms d'écureuils de dessin animé venaient de ce qu'ils se déplaçaient en binôme et portaient des chemisettes, pantalons et casquettes marron-roux. Et puis c'était plus simple que Božidarka et Zdzisław, prénoms hérités de leurs naissances respectives en Serbie et en Pologne. Ils circulaient dans le Parc au volant d'une mini-tractopelle électrique, surmontée d'un gyrophare orange, équipée d'un godet crocodile destiné à la distribution du fourrage ou au transport des grumes pour l'aménagement des habitats. L'un était moustachu, l'autre non, mais leur individualité disparaissait sous la puissance de leur identité visuelle commune, comme deux figurines sur un jouet d'enfant. Les deux agents faisaient le tour des enclos, vérifiaient la solidité des clôtures, réparaient les agrès, aménageaient des espaces et veillaient à l'entretien et au bon fonctionnement des installations générales, à l'exception du jardinage, réservé aux jardiniers.

La cheffe soigneuse fit une synthèse de la situation générale réactualisée à la lumière des observations de la matinée et annonça qu'un groupe de quinze flamants arrivait en fin de semaine pour renforcer la colonie, l'un des membres ayant été envoyé à l'équarrissage deux jours plus tôt après qu'on l'eut retrouvé mort, une patte coincée dans la grille d'écoulement d'eau de la grande mare artificielle.

— La chaleur va encore augmenter, dit-elle, faut s'occuper du yak.

Le yak s'appelait Anil et n'était là qu'en transit. C'était un yak sauvage, une espèce classée vulnérable, un animal qui se sent bien entre trois mille et six mille mètres, un bovin qui ne meugle pas mais grogne. Anil pesait neuf cent cinquante kilos et toisait deux mètres au garrot. Chacune de ses cornes recourbées mesurait presque un mètre. Une montagne couverte d'une épaisse fourrure noire.

Anil était l'expression des bonnes relations entre l'empire du Milieu et le pays du Schnitzel, un cadeau officiel du Premier Secrétaire du Parti communiste chinois à l'État fédéral autrichien. Un cadeau qui avait parcouru plus de dix mille kilomètres dans une boîte obscure, percée de quelques trous. Depuis le zoo de Chongqing, dans la province du Sichuan, connu pour posséder de rares pandas géants, ainsi que des pandas roux et des tigres de Chine méridionale, Anil avait pris la route de Xijiao, dans le district de Jiulongpo, enfermé dans sa boîte, puis l'avion pour Shanghai. À l'aéroport international Shanghai-Pudong, la boîte avait embarqué sur un appareil de la China Southern Airlines à destination de Paris, douze heures de vol dans le grondement d'une soute dont l'air sentait l'essence et le métal, assommé par les somnifères. Pour des raisons de conformité administrative, le transfert du yak vers Innsbruck, sa destination finale, dans un zoo d'altitude, n'avait pu avoir lieu. Le formulaire Cerfa de déclaration de détention d'animaux d'espèces non domestiques, connu sous le numéro 15967*01, manquait au dossier. Il y avait bon espoir cependant que la chose se règle au plus vite. En attendant, le Parc hébergeait le yak sauvage, qu'on ne pouvait se permettre de faire lanterner sans assistance dans un hangar d'aéroport.

Tic et Tac furent mandatés pour placer des pains de glace dans l'abri du ruminant, et la cheffe soigneuse désigna Nenque, le soigneur équatorien, pour s'occuper d'Anil en attendant que le titulaire du poste rentre de vacances.

— Et prenez sa température, elle ajouta.

Bien qu'originaire d'un pays andin, Nenque n'était pas un familier des organismes habitués à évoluer en altitude. Nenque était natif de la région du río Yasuni qui alimentait le bassin de l'Amazone, à l'est de l'Équateur, une région que le ministère de la Préservation de la vie sauvage avait autorisée à la prospection et à l'exploitation pétrolières, car *ce qui est bon pour l'emploi est bon pour l'homme, et ce qui est bon pour l'homme est bon pour la planète.* Depuis l'enfance, Nenque était familiarisé avec les tamarins, les capucins, les singes-araignées, les ouistitis, les sapajous et les singes hurleurs, tous ceux qu'on appelait les singes du Nouveau Monde, même si ce monde était ancien. Nenque avait aussi l'expérience des serpents dont il revendait le venin aux laboratoires de Guayaquil. Le prénom Nenque signifie, chez les Waorani auxquels il appartenait, *soleil.* Sa mère s'appelait Nemonte, qui signifie *étoile.* Le prêtre missionnaire, qui venait épisodiquement de Puerto Francisco de Orellana, avait insisté auprès des parents pour que l'enfant ait aussi un prénom catholique. Son père avait choisi Elvis et le prêtre avait dit qu'il n'était pas sûr que ce soit un prénom catholique mais le père de Nenque était resté sur Elvis et sa mère Nemonte, aussi, trouvait ça très bien, Elvis. Elle avait vu une photo du chanteur dans le portfolio du coiffeur ambulant qui s'installait sur la berge du río Napo, à côté de celles de Marcello Mastroianni, John Lennon, Maradona, Brian Jones et Will Smith qui servaient aux hommes à choisir leur coupe, et elle trouvait qu'il y avait quelque chose, les cheveux noirs et fournis, les longs cils et la bouche charnue aussi. Nenque achevait une formation de soigneur généraliste dans le Parc grâce à une bourse du ministère de la Préservation de la vie sauvage équatorien, le même qui avait donné son feu vert à l'exploitation pétrolière du parc national Yasuni.

— La chaleur, c'est dur pour tout le monde, dit le Gitan en penchant la tête en arrière pour faire passer un peu d'air entre sa nuque et ses cheveux longs, et tout le monde fit oui de la tête.

Ensuite, ceux qui avaient faim mangèrent dans la salle de réunion, qui retrouva sa fonction de cantine : salade de thon, riz et maïs, en entrée, suivie d'une escalope de dinde accompagnée de petits pois et yaourt ou compote, au choix. Le cuisinier, qui avait à charge de préparer la nourriture des animaux, élaborait aussi les repas des humains. Certains, parmi les soigneurs ou le personnel administratif, préféraient apporter leur propre nourriture qu'ils réchauffaient au micro-ondes.

Nenque décida de différer le moment de déjeuner, prit dans l'armoire de l'infirmerie l'un des thermomètres au mercure que le Parc conservait comme reliques de l'ancien monde et sortit dans la fournaise. Les thermomètres au mercure n'étaient peut-être plus en usage, mais les écrans gris des thermomètres électroniques se révélaient illisibles au soleil. Quant aux thermomètres américains à infrarouge, qui permettaient une prise de température à distance, ils étaient réservés en priorité aux singes, pour éviter qu'ils arrachent l'objet au soigneur et se blessent avec, aux fauves pour des raisons évidentes de dangerosité, et aux serpents, pour des raisons techniques, évidentes elles aussi. Un thermomètre à infrarouge coûtait le prix d'une tonne de foin de luzerne de bonne qualité. La tendance était à l'économie. Baisse de la fréquentation, baisse des subventions, hausse des coûts, hausse du prix du billet, baisse de la fréquentation, etc. On avait même revu à la baisse les exigences du cahier des charges des soixante-cinq tonnes annuelles de viandes, poissons et volailles qu'exigeaient les pensionnaires carnivores, à la suite d'un appel d'offres où le prix le plus bas l'avait emporté. Contrairement aux établissements installés loin de toute agglomération, le Parc ne pouvait s'appuyer sur les ressources annexes de structures propriétaires, hôtels, restaurants, golfs, situés dans son périmètre, ou promouvoir des activités en lien avec la nature, accrobranche, visite de bambouseraie, cours de permaculture, pour consolider son chiffre d'affaires. Le Parc ne pouvait compter que sur lui-même, et l'exigence de dividendes pour l'actionnariat privé laissait planer, là aussi, le soupçon d'une volonté d'économie sans fin.

Nenque sortit du bâtiment et prit le chemin de l'enclos du yak. Tic se dirigea vers la chambre froide et Tac alla chercher la tractopelle garée près de l'entrée des fournisseurs, une séparation du binôme suffisamment rare pour être soulignée.

LES VERTES COLLINES DU WYOMING

L'orage de la nuit avait laissé des coulures détrempées sur un panorama de collines que le soleil n'avait pas encore touchées. La fresque réalisée sur le mur du fond de l'enclos quelques années plus tôt pour un couple de bisons, partis depuis s'établir à Berlin, représentait un paysage du Wyoming. Anil occupait leur ancien espace, et si aux yeux des visiteurs la peinture pouvait passer pour une évocation de steppe mongole, pour Anil ça restait un mur en ciment. Car contrairement aux humains, pour qui un carré de plastique avec une image de chaume imprimée sous un fromage crée l'illusion de la vraie paille, la vue des yaks est très mauvaise et leur système de représentation insensible au trompe-l'œil. Les yaks possèdent en revanche un odorat remarquable et une ouïe incomparable qui leur permet d'entendre une conversation à plusieurs kilomètres de distance, qu'elle soit intéressante ou pas. Cette capacité, appréciable dans les solitudes montagneuses d'Asie, se révélait perturbante dans un environnement peuplé de centaines d'animaux, d'humains et de véhicules qu'Anil percevait bien au-delà du Parc et que l'air épaissi par les ondes et les particules mêlait dans un brouillard sonore.

Anil s'était réveillé avec la diarrhée. Une bouse tellement liquide qu'elle n'aurait pu servir à alimenter le moindre feu, ni à fabriquer la moindre brique de torchis dans la banlieue d'Oulan-Bator. Le mal de la plaine ne l'avait pas quitté depuis son arrivée et, pour un animal qui aime s'ébattre dans la neige par moins quarante, c'est à peine s'il trouvait la force de s'abreuver dans l'auge en inox installée sous l'abri à fourrage. Il n'y avait que les dzos, des yaks stériles croisés avec des vaches, qui se sentaient bien au niveau de la mer.

Anil souffrait du poids de sa toison de laine et de suint dont les longs poils épais descendaient jusqu'au sol. Et le mucus visqueux qu'il sécrétait et l'isolait du froid n'était d'aucune utilité sous la canicule. Il avait chaud, et ses larges poumons, habitués depuis la naissance à l'air raréfié des montagnes himalayennes, ne lui étaient d'aucun secours. Il restait là, debout, incapable de bouger, assommé par la pression atmosphérique. Il n'avait la force de rien, pas même d'aller se mettre à l'abri du soleil sous l'auvent de l'abreuvoir. Il demeurait planté devant les collines du Wyoming, quand il entendit Nenque qui descendait l'allée. Son pas lui parvint bien avant qu'il puisse percevoir sa forme floue, tout comme lui étaient parvenus les bruits de la porte de la chambre froide qu'on refermait, des pains de glace qui glissaient dans le godet de la tractopelle, du raclement d'une table du café qu'on tirait sur la terrasse de La Griffe, du bus qui rétrogradait à l'extérieur du Parc, des travaux de voirie quelque part, des nappes sonores des climatiseurs, des pots d'échappement et des moteurs qui se superposaient à des milliers d'autres signaux sonores et lui alourdissaient la tête. Il se sentait nauséeux, la langue épaisse, et ses membres tremblaient sous lui.

Nenque transpirait dans sa chemise verte et son short safari quand il parvint devant la barrière de l'enclos, rejoint presque aussitôt par la tractopelle de Tic et Tac qui dévalait la côte du Puma et se gara à sa hauteur dans un freinage appuyé, lumière d'urgence tournoyante au-dessus de la tête. Le conducteur abaissa le godet par-dessus la barrière de l'enclos et les bras de l'engin s'inclinèrent pour laisser les deux pains de glace glisser sur l'herbe sèche tandis qu'Anil assistait sans comprendre au ballet des formes floues derrière la barrière. Nenque et les deux agents pénétrèrent dans l'enclos, et les deux agents poussèrent les pains de glace vers l'abri du yak. Nenque tendit la main vers le mufle de l'animal qu'il caressa doucement. Tic et Tac revinrent vers le soigneur.

— Norrrmalement, va y aller tout seul, dit l'agent moustachu, trrrès bon pour lui.

Ils regagnèrent leur véhicule tandis que Nenque s'apprêtait à prendre la température du yak sauvage.

TEZCATLIPOCA

L'écran de la caisse affichait onze heures quarante-cinq. Le guichetier se leva de son siège, fit coulisser la plaque en plexiglas devant l'hygiaphone, ventousa le carré de plastique gravé *Caisse fermée* sur l'hygiaphone et réajusta sa veste sur le dossier du fauteuil. Puis il prit le sac qui contenait son déjeuner accroché à une patère de bois sur la paroi de la cabine. Il se regarda devant le miroir rectangulaire fixé sur la porte, remarqua une petite plaque de poils courts et blancs qu'il avait négligé de raser sous l'angle du maxillaire et eut l'impression que la tache brune apparue récemment sur le haut de son front avait grossi. Il frappa ensuite sur la cloison qui le séparait d'un autre guichet, signal qu'il prenait sa pause déjeuner, et un frappement identique lui répondit. Il ouvrit la porte de la guérite et l'air brûlant pénétra à l'intérieur. Il défit les boutons aux poignets de sa chemise et en releva les manches sur ses bras maigres et blancs. Il avait perdu du poids, sa ceinture fronçait maintenant son pantalon sur ses hanches. Dès qu'il sortit de l'ombre que faisait la saillie du toit de la guérite, il regretta de n'avoir pas pris de chapeau en partant de chez lui.

Le Parc comptait à cet instant vingt-sept visiteurs humains résolus à braver la canicule, certains s'étant réfugiés à l'ombre des parasols de La Griffe, face à des boissons glacées, d'autres traînant dans la boutique climatisée. Seules deux familles avec enfants, dont une monoparentale, s'étaient présentées à la caisse.

Été comme hiver, le guichetier prenait ses repas dans le Parc. C'était l'occasion de voir les animaux et parfois de parler avec les soigneurs. Il avait vu la ménagerie sous la neige, les flocons plus légers que l'air accrochés comme du duvet aux poils des animaux, les traces bleutées des pattes embouties, les coussinets des félins, comme des galets en creux, les tridents naïfs des pattes d'oiseaux, l'empreinte des sabots qui dessinaient des poumons miniatures de neige tassée, les paumes des singes pareilles à des mains d'enfants étirées, comme si la neige tentait de conserver dans le silence la mémoire d'une vie que le froid ensommeillait de sa lumière surnaturelle.

Lorsqu'il passa devant le marigot, Roméo nettoyait l'intérieur d'une de ses ailes de son grand bec jaunâtre, sa tête chauve piquée de poils blancs frisottants, renversée sous les pennes noires et blanches, tel un mécanicien s'affairant sous un capot, tandis que Juliette le fixait de ses petits yeux ronds et noirs. Le serveur en terrasse leva un bras en direction du guichetier qui lui répondit par un signe de la main.

Depuis son expérience muséale, le guichetier avait découvert que la compréhension de l'univers dans lequel il évoluait rendait son travail plus facile et plus agréable, et de la même façon qu'il s'était intéressé à la peinture, il s'intéressa tout naturellement aux animaux. Il déplorait que le Parc n'organisât pas de formation pour les agents d'accueil, les employés de la boutique et le personnel du restaurant. Il se rattrapait en visionnant des documentaires animaliers et en parlant avec les soigneurs lorsque l'occasion se présentait. S'il avait travaillé dans un cimetière, il se serait probablement intéressé aux tombes et aux gens allongés dessous. La tante qui l'avait élevé déplorait qu'avec son niveau d'études, deux ans après le bac, il eût à ce point manqué d'ambition. Agent de billetterie ! et elle levait les yeux au ciel. Mais il recherchait avant tout un emploi stable et tranquille dans une époque qui ne l'était pas.

Il regrettait que l'exiguïté du studio qu'il occupait dans un immeuble de rapport lui interdise d'accueillir un autre animal que lui-même. Un chien aurait eu sa préférence. Sur la race, il aurait hésité entre un cocker et un épagneul, mais les cockers devenaient acariâtres en vieillissant et les épagneuls avaient besoin d'espace.

Lorsqu'il parvint devant l'habitat de Bruce, le banc qui faisait face au félin, à l'ombre d'un tremble anémique, était inoccupé comme souvent, à cause de la légère odeur de fientes d'oiseaux qui l'enveloppait en provenance de la volière et que la chaleur accentuait. Le guichetier essuya la sueur sur son front avec l'avant-bras, s'assit et sortit du sac son déjeuner préparé la veille et enveloppé dans du papier aluminium : une grappe de tomates, une portion d'omelette aux pommes de terre, une tranche de jambon, deux morceaux de pain et un yaourt à la vanille.

Assis sur sa terrasse, le puma au regard asymétrique lui tournait le dos. Les flancs du félin se soulevaient avec régularité de chaque côté d'une ligne de poils plus sombre qui soulignait sa colonne vertébrale. L'extrémité de sa longue queue étalée sur le ciment tapotait le sol.

Le guichetier regrettait d'avoir si peu voyagé. Il était allé en Espagne, d'où sa mère était originaire, et une fois dans le Nord de l'Italie *pour voir la Renaissance*. En Belgique aussi, mais avec le comité d'entreprise du musée. Maintenant, il se sentait trop vieux pour ça. L'immense complexité d'une telle expédition l'emportait sur l'intérêt de s'y consacrer. Se renseigner sur les prix, les maladies, la météo, les conditions de logement, la sécurité, les transports, les horaires, les distances, la langue, la population, les coutumes, les choses à faire, à voir et celles à éviter, lui semblait une entreprise insurmontable. Quant aux voyages organisés, il n'avait aucune envie de s'obliger à la fréquentation d'un groupe de gens qu'il ne connaissait pas ni d'être lié à leur agenda. Je suis comme ces grenouilles qui une fois libérées ne peuvent pas sauter plus haut que la boîte où elles étaient enfermées, se disait-il.

Alors il s'évadait dans la contemplation des animaux. Il imaginait le puma se glisser dans les canyons brûlants de l'Arizona, à l'affût derrière les branches d'un pin ponderosa, parcourir le brouillard humide des forêts du Yucatán ou les neiges aveuglantes de la cordillère. Chaque espèce était un voyage. Mais il évitait Tezca, le jaguar.

Tezca occupait la cage numéro 37 sur le plan remis aux visiteurs. Tezca était l'abréviation de Tezcatlipoca, que personne n'arrivait à prononcer. Une divinité aztèque, dieu de la nuit au manteau étoilé, dieu du destin, de la sorcellerie, de la chasse, du temps, du froid, du couteau d'obsidienne et de pas mal d'autres choses dans le panthéon aztèque. Et frère ennemi de Quetzalcóatl, le serpent à plumes, le dieu créateur.

La notice du jaguar indiquait qu'il habitait les forêts tropicales d'Amérique centrale et du Sud, biotope que le zoo tentait de reproduire modestement sur deux cent soixante mètres carrés aménagés sur le flanc opposé du vieux zeppelin de pierre. Chasseur nocturne doté de la mâchoire la plus puissante de tous les grands fauves, le jaguar, à la différence des autres félins, n'attaque pas ses proies à la gorge, mais plante directement ses crocs dans leur crâne jusqu'au cerveau, une technique efficace qu'adapta librement Ramón Mercader avec Trotski à Mexico.

Le guichetier avait une bonne raison d'éviter la cage de Tezca. Le regarder tourner en rond au milieu du feuillage luxuriant de son habitat, longer la vitre qui le séparait des visiteurs, baisser la tête sous la boucle de la fausse liane, contourner le rocher bactéricide, faire demi-tour et recommencer, longer la vitre, baisser la tête, contourner le rocher, en mettant avec une précision de machine ses pas dans ses pas, n'était pas supportable. Le dieu aztèque souffrait de stéréotypie, un comportement psychotique qui condamne le sujet à la répétition sans fin d'un même geste ou de la même action et qui peut justifier chez l'homme qu'on l'enferme. Mais dans le cas du jaguar c'était l'enfermement le problème.

Aucune espèce n'est à l'abri de la maladie mentale et on estimait à environ dix mille le nombre d'animaux atteints de stéréotypie ou de TOC dans les zoos du pays. Des dizaines de millions, si on y ajoutait ceux que produisait l'élevage industriel. Sous l'effet du stress de la captivité, les bovins s'enroulaient la langue autour du museau, les cochons mastiquaient dans le vide, les singes se mordaient les doigts, les loups rongeaient les grillages et les chiens tournaient autour de leur queue.

On s'en remettait à des molécules utilisées sur les humains, avec l'efficacité qu'on leur connaît. On essayait des antidépresseurs, le tryptophane, la naxolone, la naltrexone, le nalméfène, différents inhibiteurs et neuroleptiques. Et si rien ne marchait, on essayait l'halopéridol, un agent aux propriétés antidopaminergiques conséquentes. Mais ça ne marchait pas toujours, ou plutôt, pas souvent. La stéréotypie de Tezca était récente, si bien que le rapport du vétérinaire n'avait encore donné lieu à aucune demande d'autorisation pharmaceutique et que son coordinateur n'avait pas encore été prévenu. Il n'est pas interdit de penser que le directeur tardait à informer le "coordinateur jaguar" de la situation dans l'espoir que la chose ne s'ébruite pas avant l'assemblée de clôture des dotations et de signature des programmes de mécénats. Toutefois cet espoir fut déçu après qu'un cadre de la marque automobile qui parrainait Tezca avait visité le Parc en famille, une semaine plus tôt. L'homme, un N-2 bien placé sur le tableau d'avancement de l'entreprise, avait fait de la visite au jaguar, *dont s'occupe la société de papa*, le point d'orgue de l'excursion familiale. Mais lorsque sa femme et sa fille de cinq ans s'étaient retrouvées devant l'animal en train de tourner en rond, la femme n'avait pu retenir un commentaire critique et réprobateur, et la fille avait fondu en larmes, *C'est trop horrible, papa, c'est trop triste.* Le N-2 avait rendu compte de sa visite à sa hiérarchie dans un mail, avec le directeur de la communication en copie, insistant sur le comportement bizarre de Tezca et le problème que posait selon lui la présence du logo de la marque sur la notice pédagogique du félin. Il omit de préciser que l'image de l'entreprise avait été définitivement écornée auprès de sa femme et de sa fille et que l'épisode lui avait valu une sérieuse discussion de retour à la maison. Le directeur de la communication du groupe, qui aimait à répéter *on ne badine pas avec les signes de la marque*, avait appelé le directeur du Parc pour lui signifier qu'il se voyait dans l'obligation de se retirer du programme de mécénat et demandait que toute mention de l'entreprise soit supprimée de la notice devant la cage et sur le site du Parc. Une marque automobile telle que la leur ne pouvait se permettre d'être associée à un comportement bizarre, d'autant qu'une tragique loi des séries avait vu ces derniers mois plusieurs conducteurs perdre le contrôle de leur véhicule et invoquer *un comportement bizarre* de la voiture. Bien sûr, la justice démontrerait qu'il s'agissait d'erreurs humaines, mais le mal était fait, la presse en avait suffisamment parlé, comme s'il n'y avait pas de sujets plus importants. Il fut convenu, lors de cet appel, que ni la marque ni le Parc n'avaient intérêt à ébruiter l'affaire.

Donc, c'était très embêtant, très embêtant. On ne remplaçait pas un félin comme Tezca du jour au lendemain et encore moins un mécène. En attendant, le dieu jaguar continuait ses allers-retours, enfermé en luimême aussi sûrement que dans sa biozone.

Le guichetier froissa la feuille d'aluminium qui enveloppait son déjeuner en une petite boule compacte et brillante qu'il mit au fond de son sac. Allongé sur sa corniche, dans sa fiction de montagnes Rocheuses, Bruce s'était tourné vers le mur du fond, dans ce qui ressemblait à un désintérêt souverain pour ce qui advenait sur son territoire et au-delà.

Sous la souche, une impression de mouvement presque imperceptible attira l'œil du guichetier. Oui, quelque chose avait bougé. Cela faisait longtemps déjà que le guichetier ne lisait plus sans lunettes, mais il conservait en revanche une excellente vue de loin.

— Une vue de lynx, avait commenté l'opticien à sa dernière visite, ce à quoi il avait répondu que le lynx n'avait pas une vue particulière.

— C'est parce qu'on le confond avec Lyncée, l'argonaute qui voyait à travers les rochers. Une vue d'aigle serait plus juste.

Le guichetier tendit le cou et mit ses mains en œillères pour se protéger de la lumière oblique. Il regarda mieux et découvrit une petite tache marron qui vibrait sous la souche. Une souris peut-être, ou un mulot.

Le zoo était une île dans la cité. L'isolement et une naissance en captivité privaient la majorité des locataires de certaines défenses, comme les Indiens avec la variole et la grippe des conquistadors, et l'attention dont on les entourait n'était que la pleine conscience des dangers qui les guettaient. Chaque animal faisait l'objet de traitements adaptés aux carences de son espèce et à celles qu'entraîne la captivité. L'usage des antibiotiques était fréquent, les rochers destinés à façonner les paysages des biotopes moulés dans une résine bactéricide, et les murs, parois, escarpements et corniches, fabriqués en ciment non poreux. Les animaux n'étaient pourtant pas totalement à l'abri et il suffisait d'un rat malade, d'un pigeon porteur de parasites ou d'un enfant qui tousse pour éliminer une ou plusieurs bêtes. Vingt-cinq guépards avaient trouvé la mort dans un parc d'Amérique, des suites d'une péritonite infectieuse féline. Pour certains primates, même des blattes pouvaient se révéler dangereuses. Les rongeurs et oiseaux qui se donnaient rendez-vous dans le Parc sans invitation pour profiter des miettes des repas distribués aux pensionnaires étaient, toutes espèces confondues, considérés comme nuisibles et donc chassés.

Le guichetier connaissait le règlement et l'obligation des employés du Parc d'informer les soigneurs de la présence d'animaux venus de l'extérieur, mais il décida de ne rien faire. C'était peut-être le soleil qui lui avait tapé sur la tête, mais il n'avait fait que ça toute sa vie, suivre le règlement, suivre le chemin. Il rit pour lui-même. Voilà, c'était son cadeau, il laisserait au jeune puma l'opportunité d'une chasse qu'il n'avait jamais eu l'occasion d'expérimenter.

Ce qui n'était pas tout à fait vrai.

Cela faisait deux jours que Bruce essayait d'attraper la musaraigne qui avait pénétré sur son territoire, mais comme les chasses avaient lieu en fin de journée ou au lever du jour, personne ne s'en était aperçu. Sur quatre tentatives, Bruce n'en avait transformé aucune. Taux de réussite, zéro pour cent, une aberration statistique. Une fois sur deux, disait pourtant la notice. Bruce était probablement le félin le moins chanceux de son espèce, mais une éducation en captivité, écourtée par le rejet précoce de sa mère biologique et le décès prématuré de sa mère adoptive, la chatte Filoute, dont il est difficile de savoir si les méthodes pédagogiques étaient adaptées au jeune puma, devaient être à l'origine de ce manque de performance.

Des oreilles rondes de dessin animé, deux points noirs pour les yeux et un museau qui se termine par une petite trompe, les musaraignes partagent avec le dauphin, la chauve-souris, le tarsier et le super-héros Daredevil, la capacité d'écholocaliser leur environnement en projetant des ultrasons qui leur reviennent, comme un sonar, qualité particulièrement utile lorsqu'on chasse avec une mauvaise vue.

Les musaraignes dégagent une odeur qui décourage les chats de les manger mais ne les empêche pas de les tuer. On a longtemps cru qu'elles possédaient un venin, tant leur morsure est douloureuse, d'où leur nom qui fait d'elles des araignées à l'égal des tarentules ou des veuves noires, mais n'explique pas pourquoi leur nom anglais – *shrew* – signifie *mégère*. Celle qui avait trouvé refuge sous la souche pesait douze grammes et, à défaut d'un amuse-bouche délicat, n'en constituait pas moins l'occasion d'un jeu bienvenu dans le quotidien monotone du félin. Mais d'un jeu où il perdait.

POUR QUI SONT CES SERPENTS ?

Le Blond désigna la flèche de bois en forme de langue fourchue qui indiquait *Serpentarium-Insectarium*.

— On n'a pas fini les singes, dit le Brun en séchant du dos de la main son front granuleux.

— Faut apprendre à reconnaître les mortels, dit le Blond, c'est comme les champignons.

— Tu comptes faire explorateur ?

— À Silicon Valley, y a des serpents plein les jardins, des vipères de sa mère et des serpents à sonnette.

— Au moins, t'es prévenu, ding dong.

— Ah ah, fit le Blond sans rire, en écartant une mèche de cheveux collée par la sueur, mon beau-père, il a taffé là-bas.

Ils longèrent l'habitat des flamants qui fouillaient de leur bec courbe la soupe de leur plan d'eau chauffé au soleil, à la recherche de crevettes qui ne s'y trouvaient pas, puis passèrent devant Jennifer dont l'immobilité pouvait laisser penser qu'à cent soixante-sept ans, on a un peu fait le tour des choses, et si on en a oublié, il reste quelques dizaines d'années pour s'y employer.

Tic et Tac déboulèrent au volant de leur engin clignotant, le godet frontal dégouttant du transport des pains de glace élevé au-dessus de la cabine, et les adolescents durent sauter sur le bas-côté pour ne pas se faire renverser par les deux écureuils.

— Y sont malades, dit le Brun.

— Enculés, lança le Blond quand les agents furent suffisamment loin.

Ils longèrent ensuite l'insectarium, jusqu'au serpentarium, un bâtiment à toit plat identique qui lui était accolé. Ils franchirent un rideau de grosses lamelles en plastique translucides comme on en trouve dans les chambres froides et se retrouvèrent dans une antichambre où des planches fixées aux murs faisaient la pédagogie du monde des serpents avec cartes, arborescences, dessins de coupe, chiffres, photos, peaux de mue et coquilles d'œufs en vitrine. Un deuxième rideau de bandes de plastique permettait d'accéder au serpentarium proprement dit. À l'intérieur, malgré la pénombre que rythmaient les vitrines éclairées des terrariums, régnait une chaleur moite accompagnée d'une odeur douceâtre d'eau croupie.

— Ça poke, dit le Brun.

— C'est un boa qu'a pété.

— Un anaconda, j'dirais, et il sortit un inhalateur contre l'asthme qu'il mit dans sa bouche avant d'appuyer deux fois. Chaleur plus humidité, pas bon.

Ils suivirent les langues fourchues qui indiquaient le sens de la visite et passèrent devant les boîtes où des reptiles roulés et déroulés reposaient immobiles sur leur carré de désert, de roches ou de mangrove tropicale, comme s'ils avaient été prélevés avec un morceau de leur paysage d'origine.

Installé sous une lampe rouge à incandescence, le serpent le plus dangereux du monde était bien sûr la vedette du lieu, un reptile de deux mètres, enroulé sur lui-même près d'un gros caillou sur une terre sèche, le corps animé de zones rousses et bleuâtres et la tête d'un bleu presque noir.

— *Une seule dose de son venin peut tuer cent hommes adultes*, lut le Brun.

— Dis-moi qu'y z'ont trouvé cent tarés pour se faire mordre, s'étonna le Blond, et il frappa sur la vitre du terrarium, toc-toc -toc ?

Comme tous les serpents, le taïpan était sourd, mais les vibrations des coups coururent sur la vitre, traversèrent les fibres de bois du plancher de la boîte, se propagèrent dans la couche de sable et de terre qui le recouvrait et résonnèrent dans ses mandibules posées sur le sol avant de parvenir à son oreille interne. Ses larges pupilles rondes et noires ne trahirent aucune modification de son état et pas une écaille de son corps ne bougea. Les zones arides du Sud du Queensland où la température dépasse les quarante-cinq degrés à l'ombre alors qu'il n'y a pas d'ombre enseignent à ses rares habitants que seuls le danger et la faim justifient de dépenser la moindre particule d'énergie pour se mouvoir.

— Il dort, dit le Brun.

— Y nous regarde.

— Les reptiles dorment les yeux ouverts.

— Pas les crocodiles.

— Les serpents et les poissons.

— Mais pas les crocodiles.

Au terrarium suivant, ils découvrirent le cobra cracheur. La notice indiquait qu'il propulsait son venin à trois mètres en visant les yeux de son adversaire pour l'aveugler.

— Comment y savent où sont les yeux ? demanda le Blond.

— Comment, comment ils savent où sont les yeux ?

— Comment y reconnaissent où sont les yeux des souris, les yeux des humains, des piafs, de ceux qui sont pas des serpents, comment y confondent pas avec les trous de nez ou le trou du cul ?

— Le trou du cul, il y a qu'avec un cyclope.

— Non, mais comment ?

— C'est l'instinct.

— C'est ça, y z'ont tous les animaux stockés dans la tête à la naissance, même ceux qu'y verront jamais, avec indiqué l'endroit où sont les yeux. Prends-moi pour un con.

— T'as qu'à trouver mieux.

— T'irais pas aux chiottes, des fois ?

— Là, maintenant, j'ai pas envie.

— T'as pas envie de quoi ?

— J'ai pas envie tout court et j'ai pas envie de *ça* non plus.

— Allez, dit le Blond.

— J'ai pas envie, je te dis, si c'est pour se refaire choper.

Le Blond haussa les épaules et ils passèrent à la vipère heurtante. L'attaque la plus rapide au monde et des crocs de deux centimètres capables de traverser le cuir d'une chaussure, le serpent reposait sa grosse tête triangulaire aux maxillaires proéminents et au nez camus sur un sable rouge, ses yeux ronds et mordorés fendus verticalement, d'une fixité totale, comme deux clous de laiton qui donnaient l'impression de tout voir sans rien regarder. Son mètre quatre-vingt-dix marbré de marron et de jaune et caréné d'écailles épaisses et nervurées, lové sur lui-même comme un cordage sur le pont d'un navire-école, ne trouvait guère d'occasions d'exprimer son talent, qui consistait à propulser sa tête puissante et ses impressionnants crochets avec une force et une rapidité telles que la proie succombait plus souvent sous l'impact qu'à cause du venin.

— Tu savais ça, que le serpent, c'est la bite ?

— Vas-y.

— Rien, c'est dans la Bible. À l'époque d'Adam et Ève on n'avait pas le droit de dessiner des bites, alors à la place, on mettait un serpent, c'est ça la tentation, le serpent-bite.

— T'es un putain d'obsédé, dit le Brun, la tentation c'est la pomme, t'as appris quoi ?

— OK, mais la pomme, si tu regardes, en dessous, ça ressemble à quoi ?

LE PLUS RETENTISSANT DES ÉCHECS

La femme rejoignit la piste Nord et passa devant l'abri pédagogique où tournait en boucle une animation vidéo de deux minutes sur l'apparition de la vie sur terre et son évolution depuis la soupe primordiale jusqu'à nous. À nouveau elle agita son débardeur pour faire circuler l'air sur son ventre, passa une main dans ses cheveux courts pour effacer la sueur sur son crâne et se dirigea vers son objectif. Elle dépassa les bureaux de briques rouges et croisa les deux garçons qui sortaient du serpentarium. Elle sentit leur regard et après qu'ils l'eurent dépassée, elle entendit dans son dos la voix aigrelette du Blond, *zéro nibards*.

Chaque jour ou presque lui apportait la confirmation du bien-fondé de son sentiment profond. L'humain, neuf mois de gestation, un cerveau qui mettait plus de quinze ans à se construire, une éponge soumise durant toutes ces années à l'arbitraire de son éducation, aux lacunes de sa condition sociale et à la toxicité de son entourage. Quinze ans d'exposition à un bombardement de violences familiales, religieuses, politiques, économiques, sociales, ethniques. L'humain arrivait à maturité dans un état psychologique déplorable et capable de tout, c'est-à-dire du pire. La vérité était là, l'espèce était une impasse biologique. Aucun animal ne présentait autant de défauts, ne se montrait capable d'autant d'incohérences. L'humain était le plus retentissant des échecs, un ratage sinistre et cruel.

Elle toucha la croix de sa boucle d'oreille, regarda autour d'elle et se dirigea vers l'entrée de plastique du serpentarium. Quand elle eut franchi le double rideau de lamelles translucides, elle s'orienta vers une porte de métal peinte en vert, sur laquelle on pouvait lire *Strictement réservé au personnel*. Elle sortit la clé de sa poche. Derrière la porte verte, un couloir jaune et courbe longeait l'arrière des vivariums et des terrariums et permettait d'alimenter les reptiles et de nettoyer les boîtes. La femme passa lentement devant chacune des châsses, le temps de jeter un œil à leurs occupants, puis, parvenue au bout du couloir devant la porte qui donnait sur la réserve, s'arrêta pour écouter. Elle regarda sa montre, un modèle bas de gamme acheté pour éviter de prendre son téléphone, et parcourut du même pas mesuré le couloir en sens inverse. Sans marquer aucun temps d'arrêt, elle ouvrit une à une les vingt-sept portes de verre des vivariums qu'elle déloquait et faisait coulisser dans un même mouvement sur son passage. Elle sortit ensuite de son sac à dos une bombe de peinture mauve et traça un A et un V superposés sur le mur jaune du couloir et prit des clichés du mur tagué et des vivariums ouverts avec un appareil photo numérique d'entrée de gamme qu'elle remit dans son sac à dos avec la bombe. Elle n'avait aucune raison de se presser. Les serpents sont des animaux plutôt lents quand ils ne chassent pas, ils n'ont pas le réflexe de se ruer vers la sortie de leur abri, comme le font imprudemment les taureaux de combat pour échapper à l'obscurité du toril.

Elle regarda sa montre à nouveau et sortit en laissant grande ouverte la porte *strictement réservée au personnel*. Au seuil du bâtiment, elle ferma les yeux sous la lumière brûlante, puis les ouvrit lentement. La canicule avait découragé les visiteurs, elle était seule dans l'allée.

Le taïpan du désert enregistra une variation de température infime, à peine quelques centièmes de degré, au passage de la femme derrière la vitre, puis une seconde, plus importante, lorsqu'elle ouvrit la porte du terrarium. Les secousses du verrou qu'on débloquait et le frottement de la vitre qui glissait sur son rail métallique résonnèrent dans la terre rouge et sur les écailles du serpent. Le taïpan attendit. Lorsqu'il perçut les odeurs de spores végétales et biologiques que l'air apportait de l'extérieur, il décida de s'intéresser à leur provenance. Lentement, il déroula les cercles concentriques de son corps et glissa sur la terre et la rocaille. Il passa sa tête bleu-noir jusqu'à la porte entrebâillée de son fragment de désert australien, goûta l'air avec sa langue puis se laissa descendre le long du mur pour se retrouver dans le couloir emprunté par les soigneurs. Ses fossettes sensorielles n'indiquaient aucun animal à sang chaud dans les parages, ni grand ni petit. Il remonta le corridor, franchit la porte de service laissée ouverte et n'eut qu'à glisser sous les doubles rideaux de plastique pour se retrouver à l'extérieur du serpentarium. Il sonda l'air de nouveau avec sa langue fourchue et goûta les molécules odoriférantes en suspension. La température était proche de celle du terrarium sous sa lampe infrarouge. Il inspecta les environs de ses yeux noirs puis obliqua en direction d'une bande de gazon ponctuée de touffes de végétation fleurie qui longeait les bâtiments administratifs. Il s'y trouverait moins à découvert que sur l'allée synthétique.

Deux minutes plus tard, ce fut au tour de la vipère heurtante d'engager son long corps massif d'un mètre quatre-vingt-dix tatoué de chevrons couleur sable sous les lamelles de plastique du serpentarium et de s'aventurer dans le Parc en glissant sur ses larges écailles ventrales, sa grosse tête triangulaire oscillant de gauche à droite.

CHOC DE CULTURES

Nenque pénétra dans le bâtiment de briques, se dirigea vers le bureau de la cheffe soigneuse et frappa à la porte de verre dépoli.

— Entrez, Nenque, dit la cheffe, qui avait reconnu la silhouette du soigneur à travers la vitre.

Le soigneur se racla la gorge et franchit le seuil de la pièce. Derrière son ordinateur, la cheffe soigneuse continua de tapoter son clavier, puis releva la tête de l'écran. Nenque sembla se rappeler qu'il avait une casquette sur la tête, l'enleva d'un geste brusque, regarda ses chaussures, balança son corps d'un côté puis de l'autre, se racla à nouveau la gorge, puis annonça qu'il avait cassé le thermomètre et qu'il était vraiment désolé de sa maladresse, vraiment désolé et il le redit une troisième fois en espagnol pour preuve de sa sincérité, avec cette façon d'aspirer les premières syllabes et de faire traîner certaines voyelles qui trahissait ses origines amazoniennes, Jefa, lo siento mucho, yé suis déssolé, lo siento, me da pena, jefa, ¿qué quiere que haga ?

Nenque s'en remettait en toute humilité à son autorité et promit qu'il paierait le thermomètre, sans savoir que le modèle n'était plus en vente.

La cheffe soigneuse demanda comment c'était arrivé, et Nenque dit qu'il s'était fait surprendre, Anil avait bougé et voilà, ça s'était passé comme ça. Il expliqua que le yak avait chaud, muchísimo calor, señora, no es lo suyo, et quand elle demanda cassé comment, il dit cassé, cassé, comme du verre qui se casse en tombant, avec des petits bouts, como vidrio.

La cheffe dit que les accidents étaient faits pour arriver, sinon il n'y aurait même pas de mot pour les désigner. Alors que l'Équatorien réfléchissait au sens de cette phrase qui semblait profonde, la femme se leva, clippa un talkie-walkie à la ceinture de son pantalon de brousse, rangea une mèche blonde derrière une oreille et coiffa sa casquette militaire, tandis que Nenque prenait un deuxième thermomètre.

Anil devina, à travers l'épaisse frange qui lui tombait sur le mufle et servait à protéger ses yeux du grésil et du vent des montagnes himalayennes, les formes mouvantes des soigneurs qui approchaient. Il entrevit l'homme et la femme, face à lui. L'homme était déjà venu, il reconnut son odeur. Nenque désigna les pains de glace sous l'abri puis revint sur Anil.

— Il n'a pas bouyé.

Quand elle avait su qu'un yak VIP arrivait, la cheffe soigneuse s'était renseignée. Pour vivre et travailler en altitude, les yaks étaient dotés d'un surplus de globules rouges et d'un cœur volumineux. Au niveau de la mer, cette qualité se retournait contre l'animal. Nenque n'était pas non plus expert en yaks, mais il avait observé les Indiens des montagnes, ceux de Quito et d'Otavalo qui vivaient en altitude. Il les avait vus se traîner sur le port de Guayaquil, quand il fallait descendre pour chercher du travail.

— J'espère que ses papiers vont finir par arriver, dit la cheffe soigneuse.

Nenque tapota l'encolure du yak et, avant que sa supérieure ait eu le temps d'intervenir, glissa le thermomètre dans la gueule de l'animal qui remua les mâchoires et broya l'instrument entre ses larges molaires. La cheffe soigneuse comprit alors que le premier thermomètre ne s'était pas brisé en tombant.

Le crissement du verre entre ses dents ne perturba pas le yak. Ce n'était pas différent du sable et de la terre qui accompagnent les touffes d'herbe et les racines qu'Anil broutait dans la steppe, mais le goût était celui de ses gencives qui saignaient.

La cheffe soigneuse demanda à Nenque où il avait appris à prendre la température d'un ruminant par voie buccale, comment ça avait même pu lui passer par la tête, avec un thermomètre en verre, à quoi est-ce qu'il pensait ?

La réponse était à chercher quelques siècles plus tôt, après que les conquérants espagnols avaient touché le continent américain. S'empressant de condamner au nom de la nouvelle religion toute tolérance envers la sodomie chez les Indiens qui la pratiquaient, ils s'étaient donné les moyens de ramener les contrevenants dans le droit chemin en les faisant dévorer vivants par des chiens ou, ainsi que se plaisait à le faire Balboa – le conquistador, pas le boxeur –, à les brûler vifs par paquets de cinquante. Nenque avait retenu la leçon apprise par ses ancêtres et savait qu'il n'y avait pas de plus grand péché que la sodomie. Dans la cosmogonie de Nenque, l'anus était un point de passage dont Dieu avait décidé qu'il ne fonctionnait que du dedans vers le dehors et qu'il était contre nature d'essayer d'y faire passer quoi que ce soit en sens inverse. Pour le reste, sa connaissance presque exclusive des serpents et des singes ne l'avait pas préparé à une telle méthode.

Ce que ressentait Nenque à cet instant se situait bien au-delà de la honte. Le sentiment d'avoir trahi la confiance de la cheffe et celle du yak lui était insupportable. Il devrait renoncer à sa formation et rentrer au pays couvert d'opprobre, coupable d'avoir gâché une opportunité que de nombreux membres de sa communauté lui enviaient, payé pour apprendre un métier en Europe avec l'assurance d'avoir un travail dans le parc à son retour. Conscient de ruiner les espérances familiales et se jugeant indigne de l'espoir que le pays avait placé en lui, Nenque avait envie de disparaître, de s'enfoncer dans la terre, de fuir ce soleil dont il portait le nom en toute indignité et qui, pour lui signifier sa colère, l'écrasait de sa rage en cette journée caniculaire. Et il se serait volontiers offert en sacrifice et laissé consumer par le dieu des anciens si cela avait pu racheter sa faute.

Qui donc serait assez fou pour lui accorder sa confiance après ça ? Il serait tout juste bon à mendier dans les trois rues de Tiputini ou à trier les déchets sur les rives du río Napo. Son avenir était écrit. Et cette vision s'inséra tout naturellement dans le pessimisme souterrain qui, du nord au sud, réunit les Indiens d'Amérique et que l'histoire n'a jamais contredit.

La cheffe soigneuse appela le vétérinaire sur la fréquence du Parc. Elle dressa le tableau de la situation avec des mots précis et lui demanda de venir au plus vite. Elle alla ensuite se placer derrière le yak, souleva ostensiblement la queue de l'animal et fit signe à Nenque. C'était là, par cette voie, qu'il fallait enfoncer le thermomètre. Elle ajouta qu'un animal de cette taille ne sentait rien et que dans le monde animal il n'y avait aucune honte à ça. Elle dit que les dauphins, les girafes ou les manchots se faisaient plaisir de cette façon, et pas uniquement en captivité. Elle fut tentée d'étendre son commentaire à l'espèce humaine, mais préféra étouffer son agacement et ne pas accabler le soigneur de révélations trop perturbantes. Elle pensa, Qu'est-ce qui m'a pris de garder ces putains de thermomètres, merde ?

Après quoi, ils essayèrent d'entraîner les neuf cent cinquante kilos d'Anil sous l'abri que les pains de glace avaient rafraîchi. Les deux soigneurs plongèrent les mains dans l'épaisse fourrure grasse du yak pour le mettre en mouvement, mais Anil ne bougea pas d'un pouce et ses quatre pattes restèrent fixées au sol, comme des pieux enfoncés en terre.

À cet instant, ni la promesse de fraîcheur ni celle de l'eau et du fourrage n'étaient suffisantes. Anil ne pouvait pas bouger. Il flairait la sueur de l'homme et celle de la femme, il percevait leurs mains dans sa fourrure, et c'était tout, car les mille sons qui l'enveloppaient comme un nuage tournoyant et lui parvenaient de tous côtés, extraits de la rumeur de la ville et des bruits du Parc assoupi, embrumaient son esprit, l'inhibaient comme le font les alarmes puissantes et comprimaient son cerveau embrouillé dans un cercle de fer.

ALERTE ROUGE

Le guichetier perçut le rythme mat d'une course sur le sol synthétique et Nenque et la cheffe soigneuse déboulèrent dans l'allée. Nenque transpirait, le visage fermé, et s'empressait derrière la cheffe soigneuse. Ils dépassèrent le guichetier sans un regard et disparurent à l'autre bout de l'allée. Le guichetier aurait aimé un signe ou un mot de leur part. Bien sûr, ils étaient pressés, mais il n'y avait pas que ça. Le vétérinaire, les soigneurs et les agents de maintenance formaient un groupe à part, une famille au service des animaux. Ils déjeunaient ensemble, dans leur cantine, alors que lui se retrouvait avec les employés de la boutique et du café-restaurant, en horaires décalés. Comme il n'avait pas grand-chose à leur dire, il déjeunait de son côté. Le Gitan, c'était différent. Avec lui on pouvait parler, si on s'intéressait aux animaux. On ne donnait pas de féculents aux singes à queue courte mais de la salade, des végétaux et du feuillage frais. Les primates américains avaient droit aux féculents et à des légumes, des carottes, et de temps en temps des insectes ou un peu de viande crue. Les singes arboricoles consommaient des fruits frais auxquels on ajoutait parfois des tablettes de phosphate pour l'apport en calcium, un peu de levure ou d'huile de foie de morue. C'est le Gitan qui lui avait appris l'histoire d'Emma, d'où elle venait.

Soucieux d'équilibrer l'échange, le guichetier avait apporté une affiche d'exposition, roulée et maintenue par un élastique dans un fourreau en plastique, un triptyque où pullulaient les animaux et créatures fantastiques.

— *Le Jardin des délices* de Jérôme Bosch, un primitif flamand, il avait expliqué.

— Pourquoi primitif ? avait demandé le Gitan.

— Parce qu'ils étaient les premiers à faire certaines choses, avait répondu le Vieux, comme la peinture à l'huile, ils l'ont inventée.

Ils avaient regardé le bestiaire insensé, le héron à trois têtes, le lapin géant, les licornes, le poisson à mains humaines, le canard clarinette, le poisson à corne, le griffon, les hommes-rats, les hommes-singes, les hommes-oiseaux, une vie débordante où animalité et humanité étaient indissociables. Le Gitan s'était montré intéressé mais déçu par les explications du Vieux parce qu'il y avait débat sur la véritable signification du tableau, on ignorait la date à laquelle il avait été peint, et l'identité de son commanditaire n'était pas certaine. Pour finir, on ne connaissait pas son vrai titre, s'il en avait jamais eu un.

— Les bestioles, c'est quoi l'idée ? il avait demandé.

— Ça dépend, le paradis, l'entente entre les espèces, licorne, éléphant, girafe, la création. Les autres, sur le panneau du centre, c'est la grande promiscuité, pour le dire comme ça, l'animalité de l'homme, le vice, le mélange, c'est la bestialité, et après, c'est l'enfer.

— Ça a pas trop changé alors, avait dit le Gitan, sans que le guichetier comprenne ce qu'il voulait dire.

Il repensa à Emma dans son bordel indonésien. C'était à ça que pensait le Gitan ?

Il sortit le yaourt à la vanille du sac, décolla l'opercule d'aluminium et plongea la cuillère en bois de peuplier dans la pâte blanchâtre. Bruce se leva, puis se laissa couler de sa corniche le long du tronc coupé sur lequel il entreprit de se faire les griffes, comme un chat géant sur son grattoir, et de marquer un territoire que personne ne lui disputait mais que son instinct lui imposait de borner.

La dernière fois que Bruce avait entendu la musaraigne, elle était là, sous la souche. Pas de raison qu'elle n'y soit plus. Il s'éloigna de quelques mètres, puis se retourna, s'assit et attendit. Ses yeux désassortis fixés sur l'enchevêtrement de racines, il avait tout son temps. L'affût est une technique de chasse universelle qui permet d'économiser son énergie pour une action brève et explosive, contrairement à la méthode dite active, qui impose de bouger tout le temps, comme l'hirondelle ou le requin.

La crevasse que la musaraigne avait remarquée dans la paroi de ciment constituerait un abri plus sûr, maintenant qu'elle était repérée. Mais l'atteindre ne serait pas si simple. Le chemin était encombré de feuilles, d'écorces et de branchettes cassées. D'ordinaire, les musaraignes créent un réseau de galeries autour de leur refuge, afin d'y circuler plus vite et à couvert, mais il n'y avait pas suffisamment de débris de végétaux dans la cage pour créer ces couloirs. Elle serait sans protection pendant presque tout le trajet. Un amoncellement de rondins quelques mètres plus loin constituerait une première étape, avant de pouvoir obliquer vers son nouveau refuge. C'était une manœuvre risquée, mais sa décision était prise.

Le guichetier termina son yaourt, jeta la cuillère dans le sac, écrasa l'emballage dans sa main. Le bruissement du plastique froissé parvint au puma derrière sa vitre et suffit à le distraire de son attente. Bruce se tourna vers le guichetier comme surpris de se découvrir observé.

C'est l'instant que choisit la musaraigne pour émerger de sous la souche. Elle sortit la tête de son abri et activa ses instruments de détection comme un chalutier russe en mission. Le retour des ultrasons qu'elle émettait dessinait dans son cerveau le paysage environnant et ses changements en temps réel. Elle tortilla sa mini-trompe piquée de vibrisses et tria les odeurs dans l'espace, tandis que ses oreilles pivotantes balayaient le secteur comme un radiotélescope. Puis elle fonça tête baissée devant elle. Elle atteignit l'entassement de rondins sans difficulté, marqua un temps d'arrêt et se lança dans la deuxième partie de son parcours, en direction de la brèche.

Bruce se désintéressa de l'homme sur son banc, reporta son attention sur la souche et découvrit la musaraigne qui courait sur le sol. Une ondulation parcourut sa robe sable, dessinant sur son passage l'assemblage de ses muscles. Sans que sa tête ne modifie sa position, son corps se replaça dans l'axe du regard et sa longue queue serpenta dans l'air chaud. Ses interminables pattes postérieures s'armèrent sous lui et Bruce l'Argentin s'élança dans les airs, ses muscles compressés brusquement libérés, son corps fauve déployé dans l'espace tel un cliché olympique de Neil Leifer.

La musaraigne filait déjà vers le ciment ébréché et tout allait bien, quand ses vibrisses décelèrent une perturbation des masses d'air environnantes. Elle identifia instantanément l'odeur du félin qui se déplaçait dans l'espace. Ce n'était pas une prouesse, elle pouvait sentir un ver à quinze centimètres sous terre ; les rats, ses cousins, détectaient la tuberculose et le cancer chez les humains. Elle était repérée. Sa fréquence cardiaque s'emballa. Elle n'était plus qu'à deux mètres quand elle vit l'ombre du félin la recouvrir et s'étendre autour d'elle. Elle essaya d'accélérer mais elle était à son maximum et seule une caméra spécialisée, capable de filmer au ralenti les balles de fusil qui traversent les pommes et les gouttes de lait qui font des couronnes, aurait pu enregistrer à cet instant les deux mille battements par minute de sa fréquence cardiaque. La fissure était là, droit devant.

Les quatre-vingt-dix-sept kilos de Bruce s'abattirent sur le seuil de la brèche, amortis par l'architecture flottante de ses muscles. Ramassé sur lui-même, le puma resta un instant sans bouger, la tête penchée, les yeux fixés sur ses larges pattes de dessin animé à quatre doigts, posées l'une sur l'autre. Aucun signe de vie ne lui parvenait de sous les coussinets. Il rétracta alors ses griffes, retira une patte, puis l'autre. Rien. Il n'y avait rien sur le sol de ciment. Bruce marqua un temps d'arrêt, regarda autour de lui, puis derrière lui, souleva ses pattes à nouveau et se leva finalement pour regarder sous lui. Rien non plus. Les mammifères et les oiseaux sont tous capables d'étonnement, dès lors qu'ils ne rencontrent pas ce que leur instinct ou la logique les prépare à trouver. Bruce n'en revenait tout simplement pas. Il demeura en arrêt, comme désorienté, puis se rappela que le guichetier l'observait toujours derrière la vitre. Il grimpa alors d'un pas lent sur l'épicéa oblique, longea la corniche de béton, gravit les faux éboulis de pierres et regagna sa terrasse où il s'assit et entreprit de faire sa toilette à coups de grande langue rose, comme on prend une douche pour oublier les contrariétés d'une journée difficile.

Ça valait la peine d'être vu, pensa le guichetier. Il ajouta à l'intention de Bruce, Patience, mon garçon, une fois sur deux, la prochaine fois tu l'auras, sans se douter que Bruce en était déjà à son cinquième essai. Il sortit la mandarine de son sac, la débarrassa de son enveloppe, rangea les pelures dans le sac et mangea la mandarine. Puis il termina sa bouteille d'eau minérale qu'il remplissait d'eau du robinet, se leva et mit le sac et les restes de son repas dans la gueule de l'hippopotame poubelle près du banc, après avoir rangé dans sa poche la serviette en papier qu'il n'avait pas utilisée. Dès qu'il s'éloigna de l'ombre dentelée du tremble, il sentit la fournaise l'envelopper. La tête lui tournait un peu. Il aperçut des visiteurs qui sortaient du grand zeppelin de pierre, un trio de vieillards avec des bâtons de marche et il se rappela qu'il était vieux lui aussi, pas aussi vieux, mais pas loin. Les vieux devaient éviter de sortir avec cette chaleur, les vieux devaient boire et se couvrir la tête, les vieux ceci, les vieux cela. Plus on était vieux, plus on avait de choses à faire et moins on avait envie de les faire. Jusqu'au moment où on n'en était plus capable. Il se sentait fatigué, vidé, vidé était le vrai mot. Il jeta un dernier regard au puma.

— Salut l'ami, hasta la victoria, siempre.

Bruce poursuivit sa toilette sans un regard pour le guichetier. Puis il s'étira, s'allongea et ferma les yeux, car chez les mammifères le sommeil reste encore le meilleur accès à l'oubli.

RESTER AU SOMMET

Le Gitan avait réapprovisionné la cage d'Emma en paille et en toile de jute, rendu visite au couple d'alouates et aux atèles, observé le comportement des vervets qui occupaient l'espace le plus grand après les babouins, et vérifié que le couple de gibbons ne manquait de rien. Têtes rondes, pas de queue, le poil noir, des bras démesurés pour se balancer d'arbre en arbre, les gibbons marchent sur leurs deux jambes quand ils sont au sol. À l'inverse des chimpanzés, gorilles, bonobos et humains, le gibbon est le seul hominoïde monogame et le seul aussi qui entretient un rapport mâle/femelle qu'on pourrait qualifier d'égalitaire. Et comme il n'y a pas que la peinture dans la vie des singes, les gibbons chantent. Ils le font pour marquer leur territoire, mais aussi pour séduire ou au contraire tenir à distance un adversaire, comme il y a des chants d'amour et des chants guerriers. Les couples chantent ensemble, comme John et Yoko ou Mick et David, et leur capacité à coordonner leurs vocalises atteste leur complicité et la force de leur relation. Plus le chant est élaboré et moins les jeunes mâles se risquent à rivaliser avec le chanteur pour conquérir sa partenaire. Même si l'isolement de la captivité mettait le couple de gibbons à l'abri d'une rivalité amoureuse, ils n'en maintenaient pas moins l'habitude de se produire tous les matins et de chanter leur amour, après que le mâle avait fait caca au lever du soleil pour saluer la journée naissante, une forme d'offrande, voire, qui sait, l'ébauche d'un rituel religieux. Le soir, les deux singes avaient pour habitude de s'endormir assis l'un contre l'autre comme des amoureux sur un banc.

Le Gitan effectua sa deuxième visite à la communauté des babouins, écrasée de chaleur dans la fosse de béton. Les mères et les petits avaient trouvé refuge à l'intérieur ou sous un maillage de cordes qui faisait office de treille. Darwin était allongé sur une mince bande d'ombre le long du mur. Il aurait préféré dormir jusqu'au soir et attendre la fraîcheur, mais ça n'était pas le moment. Djeke l'observait en permanence. Darwin n'imaginait pas être attaqué pendant son sommeil, ce n'est pas le genre des babouins. Mais il restait vigilant, habité par la conscience qu'il pouvait tout perdre, pouvoir et privilèges, par manque de clairvoyance ou d'anticipation, pour une erreur de jugement. Certes, il sécrétait plus de glucocorticoïdes et de testostérone qu'aucun bêta, ce qui le rendait plus résistant à la maladie et à l'effort, mais aussi plus agressif, nerveux, inquiet et angoissé, et le poussait à se comporter en trader cocaïné quand la communauté attendait Saint Louis sous son chêne.

La veille, un jeune avait volé une gousse de robinier. Darwin avait dû le poursuivre dans les agrès, mais dans sa fuite, le voleur avait lancé un cri d'alerte à l'aigle. Toute la communauté, Darwin inclus, avait interrompu ses activités et dans un même mouvement réflexe regardé en l'air. Le babouin possède aussi des cris différents pour avertir de la présence d'un léopard au sol ou d'un serpent sur une branche, quand l'humain ne dispose que du mot *Attention* pour prévenir d'un danger, qu'il s'agisse d'une mine antipersonnel, d'une voiture qui vient en face ou d'un piano qui tombe du troisième, ce qui rend l'avertissement bien imprécis pour parer à temps à la situation.

Quand Darwin comprit qu'il s'était fait avoir par un gamin – comment un aigle aurait-il fait pour franchir le grillage ? –, le voleur s'était réfugié derrière sa mère. Darwin n'insista pas. Quelques mois plus tôt, il s'était servi d'un de ses petits comme bouclier pour maintenir un dominant à distance et elle lui en voulait encore. Mais il n'aurait pas dû laisser le vol impuni. Toute la communauté avait eu le même réflexe de regarder en l'air, mais on ne lui demandait pas d'être comme tout le monde, on lui demandait d'être plus clairvoyant. L'épisode avait diffusé le sentiment d'un affaiblissement, il le savait. Il lui faudrait être encore plus vigilant. C'était oppressant psychologiquement et sur le plan énergétique, épuisant.

Il se leva et jeta un regard circulaire sur son domaine, puis se remit à quatre pattes et avança vers une jeune femelle aux organes génitaux rouge vif, en s'appuyant sur les mains, les doigts tendus, sans que la paume touche le sol et en roulant des épaules. La femelle s'appelait Acanit, un prénom ougandais qui signifie *temps difficiles* et qui n'était pas plus lourd à porter que Dolores, Soledad ou Prudence. Darwin ramassa une peau de mangue, la tendit à Acanit, puis se plaça derrière elle. L'accouplement dura une minute frénétique dont aucune seconde ne fut gaspillée en préliminaires. Après quoi, Darwin se détourna de sa fiancée occasionnelle, son bolet rose pendant mollement entre les jambes, et attendit qu'elle l'épouille, ce qu'il trouvait toujours agréable après un accouplement.

Quand Acanit se fut acquittée de sa prestation, Darwin s'étira, secoua sa crinière de lion parfaitement peignée, leva sa tête de chien, retroussa ses babines presque à la moitié de son museau et offrit ses gencives et ses crocs au ciel sans émettre aucun son, conscient que tous les membres de la communauté présents dans la fosse le regardaient à cet instant. C'était ça être le chef, être au centre de l'attention. Pour finir, il regagna la bande d'ombre le long du mur, s'allongea et observa de ses petits yeux rouges ses sujets en se tripatouillant les parties.

Le Gitan nota sur son carnet que l'essentiel de l'activité de Darwin semblait maintenant tourné vers la défense de son autorité. Son rôle auprès des enfants qui consistait à les épauler en cas de conflits, à s'assurer qu'ils avaient leur part de nourriture, à créer un environnement apaisé qui les aiderait à atteindre plus rapidement leur maturité sexuelle, en pâtissait. Darwin semblait ne plus penser qu'à ses propres intérêts et suivait la dérive autocratique classique des pouvoirs qui se sentent menacés.

— Darwin, mon gars, détends-toi, dit le Gitan, souffle un peu.

Il regarda sa montre. Il n'avait pas terminé sa tournée et devait s'attaquer à l'espace des singes verts. C'était un système simple de vases communicants. Lorsqu'on voulait nettoyer un espace intérieur, on mettait de la nourriture à l'extérieur et on fermait la séparation, et inversement.

Darwin regarda le Gitan s'éloigner derrière l'écran de verre. Épuisé par la chaleur, il prit néanmoins le temps de réfléchir à la crise qu'il affrontait et au moyen de la gérer. N'ayant ni médailles ni postes clés à pourvoir, il choisit d'inviter Groucho, Chico et Harpo à partager les fruits qui lui restaient du matin de sa réserve personnelle et qu'il avait entreposés dans un coin de son domaine. Il jeta donc une demi-pomme à Groucho qui l'attrapa au vol, surpris de la générosité du chef, et abandonna une demi-mangue sur le sol de ciment devant Harpo. Harpo était occupé à repousser les avances d'une femelle à peine pubère qui lui était apparentée et qui semblait ignorer que les babouins ne pratiquent ni l'inceste ni le détournement de mineurs et que l'orientation sexuelle de Harpo, pourtant de notoriété publique, ne lui donnait aucune chance de parvenir à ses fins. Harpo regarda le fruit, posa un pied dessus et chassa la jeune femelle. Quant à Chico, il fit spontanément le geste de quémander une gratification et Darwin lui octroya un morceau de concombre. Les babouins ne sont pas difficiles. Dans la nature, leur ordinaire se compose de fruits, d'insectes, de racines, d'œufs, de petits rongeurs, d'oiseaux, de jeunes antilopes et même de flamants. Le babouin s'adapte, et sa présence dans les dépotoirs éthiopiens, kenyans ou tanzaniens, aux abords des villes ou des parcs, égale celle des hyènes et des marabouts.

Après avoir distribué ses gratifications, Darwin remonta lentement sur le rocher de la domination. Si Djeke s'avisait de l'attaquer, celui-ci ne pourrait plus compter sur le soutien des trois autres. Ni Chico, ni Harpo, ni Groucho n'avaient la trempe d'un chef aux yeux de Darwin et, contrairement à ce que leur laissait croire Djeke, l'espoir que ses libéralités se répètent et améliorent leur ordinaire pouvait suffire à les calmer. Darwin ne se faisait cependant guère d'illusions sur la durée de cette gratitude et la capacité de ses cadeaux à tempérer l'appétit de pouvoir à moyen terme des comploteurs, mais dans un premier temps, l'air renfrogné de Djeke, dans son coin, prouvait que la manœuvre fonctionnait.

Ça, c'était de la politique.

LE PRESSENTIMENT DE NENQUE

Le vétérinaire, cheveux noirs coupés court, trente-six ans, célibataire, suivi d'une petite valise à roulettes avec un imprimé panthère frappé d'une croix rouge, se contenta de saluer la cheffe soigneuse et Nenque d'un signe de tête. Les artifices auxquels l'humain a recours pour se distinguer de ses semblables peuvent prendre bien des formes, et le vétérinaire arborait depuis son internat une moustache de séducteur mexicain des années 1950 qui donnait une singularité à un visage qu'il jugeait trop simple et trop jeune. Il avait pour habitude de la lisser en écartant le pouce et l'index sous son nez, geste qu'il faisait sans en avoir conscience dès lors qu'il était nerveux ou dans l'embarras, et qui faisait de lui un exécrable joueur de poker. En poste depuis deux ans, il avait précédemment exercé dans un haras, puis effectué les stages requis et travaillé dans deux parcs animaliers en province. Ayant à charge la gestion administrative des animaux, papiers, vaccinations, transferts, organisation des échanges, le vétérinaire était de facto le numéro deux du Parc. Les employés lui avaient attribué le surnom prévisible de Daktari mais la cheffe soigneuse disait simplement le véto et le Gitan disait le toubib. Nenque disait El Señor Veterinario, avec les majuscules.

Anil n'avait pas bougé. Il sentait le poids de son épais manteau de laine qui le tirait vers le bas et l'impression que son sang tournait plus vite, comme une vibration qui parcourait son corps massif. Sa langue devait avoir gonflé car elle prenait beaucoup de place dans sa bouche. Ses grandes cornes recourbées étaient lourdes. Il entendait les trois formes humaines autour de lui qui s'agitaient dans une confusion de sons et d'odeurs. La forme blanche se porta à sa hauteur.

Le vétérinaire fit le tour du yak comme on vérifie une voiture de location. Il inspecta les pattes avant et se baissa pour observer un endroit sur le poitrail où la laine était collée. Il passa les doigts dans les poils de la bête, tritura une matière visqueuse entre le pouce et l'index, porta les doigts à son nez et fronça les narines.

— Il s'est vomi dessus. C'est pas la forme. Le voyage, la chaleur, ça fait beaucoup.

Puis il enfila une paire de gants en latex et Anil sentit qu'on lui maintenait la tête. L'homme passa les doigts entre les mâchoires du yak, sur le côté, là où l'absence de dents laissait un espace, et caressa du bout des doigts les crêtes du palais d'Anil. Ce qui marchait sur les vaches marchait sur les yaks, et Anil ouvrit la bouche. Le vétérinaire prit une lampe de poche et en éclaira l'intérieur.

— Le rapport mercure-poids devrait le mettre à l'abri des complications, s'il en a ingéré, ou alors...

Comme rien ne suivait, la cheffe soigneuse demanda sans cacher son impatience.

— Ou alors quoi ?

Il avait l'impression qu'elle lui en voulait encore. C'est lui qui aurait dû se sentir blessé. Mais de quoi ? C'était elle qui avait refusé de sortir avec lui, pas l'inverse, et on ne pouvait pas dire qu'elle y avait mis les formes, ça non. Pourtant, *J'adorerais vous faire un enfant*, si c'était pas un beau compliment.

— Ou alors, et il montra des traces rosâtres sur le bout de ses doigts en latex, le verre brisé du thermomètre a créé des microlésions gengivales et au niveau de la voûte palatine…

— *Des* thermomètres, corrigea la cheffe soigneuse sans regarder Nenque.

— … et du mercure a pu passer directement dans le sang. Le mercure dégage des vapeurs neurotoxiques à température ambiante. Comme le thermomètre s'est brisé dans la bouche, il a pu s'en former dans l'appareil bucco-nasal. C'est la garantie d'une inhalation optimale, si on peut dire.

Nenque écoutait le vétérinaire sans oser poser la seule question qu'il avait en tête.

— Il n'y a pas que ça, reprit le vétérinaire. C'est un animal qui digère à haute température, on pourrait comparer son estomac à une centrale thermique, un chauffage interne contre le froid. Sauf qu'avec la chaleur, c'est la surchauffe, si on peut dire.

De la main, il arrêta la cheffe soigneuse qui s'apprêtait à poser une question et sortit son téléphone. Quand son correspondant prit l'appel, il donna son nom, un code d'identification et dit qu'il avait besoin de DMSA, un besoin urgent, une bonne quantité, pour un mammifère d'une tonne, puis il précisa, pas en gélules, en intraveineuse. S'ensuivit une série de oui, non, oui, non, et il répéta, Oui, une tonne, mille kilos, dix fois cent, le plus vite possible. Il y eut un grand silence, à la suite de quoi il répéta, Oui, en urgence, et il raccrocha et remit le téléphone dans sa poche.

— C'est quoi ? demanda la cheffe soigneuse.

— Acide dimercaptosuccinique, un chélateur, en cas d'empoisonnement aux métaux lourds, on dit DMSA.

Le téléphone sonna dans la poche du vétérinaire. Il prit l'appel, écouta, dit, À l'infirmerie, oui, je vous attends, regarda l'heure, se lissa la moustache, remit le téléphone dans sa poche et se tourna vers les soigneurs.

— Mettez-le sous l'abri, avec la glace.

— Impossible de le bouger, dit la soigneuse, on a essayé.

Nenque hocha la tête.

— Muy duro.

Le vétérinaire essuya les gouttelettes de transpiration qui perlaient sur sa fine moustache et abandonna sa valise à la garde des soigneurs.

— Je vais les attendre.

Il enjamba la barrière de bois de l'enclos et partit au trot en direction de l'infirmerie, ce que lui permettait une condition physique soigneusement entretenue par la pratique du tennis, du vélo, de l'aviron et de la natation tout au long de l'année, ainsi que de la planche à voile, du surf et du beach-volley en périodes de vacances. Cette suractivité sportive ne lui laissait que peu de temps pour la recherche de l'âme sœur, inévitablement limitée aux membres des clubs qu'il fréquentait et dont il déplorait que la conversation se réduisît souvent à la qualité des protéines ingérées, au meilleur grip de raquette, au réglage de la coulisse du skiff et aux mérites comparés d'un plateau de 53/39 ou 54/40 sur route.

La cheffe soigneuse et Nenque se placèrent de part et d'autre du yak et essayèrent à nouveau de déplacer l'animal, mais Anil refusait de bouger. Il ne sentait rien de la poussée que les soigneurs exerçaient de leurs mains et de leur corps sur sa laine épaisse. Il avait du mal à respirer et son cœur battait trop vite. Son corps était lourd, comme si le sol l'attirait ou qu'il s'y enfonçait. Les efforts conjugués des deux soigneurs ne parvinrent pas à le déplacer d'un centimètre. La politique du Parc interdisait toute brutalité pour manœuvrer un animal et il n'était pas question ici de cris, de coups de baguette ou d'aiguillons électriques comme cela se pratique sur le bétail. La cheffe soigneuse ôta sa casquette et s'essuya le front avant de s'en coiffer à nouveau.

— On va déplacer les pains de glace ici. On les mettra de chaque côté, et Tic et Tac vont lui bricoler un panneau ou une toile, pour le mettre à l'ombre.

Ils se dirigèrent vers l'abri.

Anil les entendit s'éloigner et leur forme disparut dans un brouillard sombre. Puis il sentit ses genoux fléchir et le sol arriver sous son ventre, à peine amorti par la laine.

Tandis que la cheffe soigneuse allait se placer à l'extrémité d'un des pains de glace, Nenque entrevit sur le bord de son champ visuel le yak qui s'affaissait et quand il se tourna vers Anil, il découvrit sa grosse carcasse écroulée, la tête sur ses genoux repliés, la langue sortie comme à l'étal d'un boucher devant les collines délavées du Wyoming. Nenque avait maintenant la réponse à la question qu'il n'avait pas osé poser. La catastrophe redoutée, dont les thermomètres brisés n'étaient que les signes annonciateurs, venait de se produire.

LA COLLATION DE LA MÉGÈRE

La lézarde dans la paroi de ciment ouvrait sur une petite cavité au fond de laquelle affleurait un fer à béton. C'était un bon endroit pour se reposer. La fréquence cardiaque de la musaraigne commença à redescendre. Cette fois encore, elle s'en était tirée. Si les souris ont une espérance de vie de trois ans, les musaraignes sont programmées pour vivre à peine plus d'un an et demi, durée qu'un chat ou un arrêt du cœur dû à une surchauffe écourtent fréquemment. Une espèce obligée d'ingérer chaque jour son poids en nourriture pour survivre est déjà soumise à une certaine pression psychologique, à laquelle s'ajoutait dans le cas présent celle d'un environnement exceptionnellement menaçant. Les plus gros qu'elle, dont la plupart étaient des prédateurs, abondaient dans le Parc. Il lui fallait faire attention aux bêtes qui rugissaient, à celles qui rampaient, qui sifflaient, qui volaient, à celles qui frappaient des sabots ou portaient des chaussures et se promenaient dans les allées, à celles qui vivaient la nuit et à celles qui vivaient le jour. La contrepartie du risque : une abondance de choses à grignoter ici ou là. La survie exigeait une vigilance de tous les instants et de bonnes qualités athlétiques, et la musaraigne, qui était âgée de huit mois, avait bien l'intention de vivre aussi longtemps que la génétique le lui permettait.

Depuis son refuge, elle observait la tache floue du puma sur la corniche. Malgré sa mauvaise vue, elle discerna une autre tache, jaune, bien plus petite et plus près, qui se déplaçait sur une grosse branche à terre et ressemblait tout à fait à une chenille, et les chenilles, il fallait en profiter quand c'était la saison. Ça changeait des vers de terre. La musaraigne évalua la distance qui la séparait de sa proie. La veille, lors d'une randonnée nocturne, elle avait repéré une gouttière un peu plus loin, avec sa crapaudine, qui débouchait à l'extérieur côté visiteurs et qui constituerait un bon refuge si jamais elle devait décrocher.

La forme fauve du puma demeurait immobile. Elle attendit encore, puis elle s'élança. Ses pattes s'activèrent au rythme d'une machine à coudre et la propulsèrent en avant. Elle zigzagua entre les aspérités du terrain, les bouts d'écorces et de branchettes, les aiguilles et les feuilles, et maintint son allure vers la branche où elle avait aperçu la tache jaune. L'odeur du bois se fit plus présente. Aux deux tiers du parcours, elle s'arrêta, releva la tête et, par-dessus les feuilles, distingua la branche et la tache vive de la chenille qui progressait. Elle repartit. La chenille sembla détecter la présence de son prédateur et ses trois paires de pattes accélérèrent le rythme de ses ondulations sur l'écorce. Mais ce ne fut pas suffisant, la mini-trompe de la musaraigne était déjà en train de la flairer pour s'assurer que la bestiole appartenait à une espèce comestible et que sa livrée jaune et noir n'était qu'un leurre. Puis, de sa petite bouche aiguisée de dents pointues qu'elle n'avait pas besoin de limer, n'étant pas un rongeur, elle croqua l'arrière de la bestiole. C'était bon.

C'était même ce qu'elle avait mangé de meilleur depuis longtemps. Elle s'apprêtait à terminer son repas, dont la tête et le thorax gigotaient encore accrochés à l'écorce, quand elle entendit le cri de Bruce, un cri aigu, éraillé, métallique, un cri de chat enragé, comme un vampire touché par le soleil, prolongé du côté de la volière par un bruissement d'ailes précipité. La musaraigne fit volte-face si rapidement qu'elle en perdit l'équilibre et roula dans les débris végétaux. Le temps de se remettre sur pattes et de recouvrer ses esprits, elle aperçut la forme indécise et ocre du puma qui se modifiait. Le fauve changeait de position sur son escarpement.

Il n'y a pas chez les animaux de proverbe équivalent à *Un tiens vaut mieux que deux tu l'auras*. Il s'agit néanmoins d'une vérité partagée par toutes les créatures qui ont des prédateurs, si bien que la musaraigne n'hésita pas une seconde à abandonner le reste de sa collation, la tête délicieuse et quelques anneaux d'où s'échappait un liquide crémeux. Plan B. La gouttière. Elle détala dans la seconde, aussi vite qu'elle le put, vers la bouche d'écoulement. À mi-course, un étrange gémissement dans son dos lui confirma que Bruce était en mouvement.

Bruce aurait pu sauter depuis la corniche, mais l'échec de sa dernière tentative lui fit préférer une manœuvre différente. Le corps surbaissé, la tête tendue dans son prolongement, il dévala le tronc incliné, sa mâchoire inférieure frôlant l'écorce, son ventre rasant le fût avec la fluidité d'un liquide, chaque muscle en travail dans une mécanique qui avait la perfection suisse d'un calibre à grandes complications, et il se rua droit devant, son regard jaune et bleu rivé sur sa proie.

La musaraigne avait parfaitement conscience du fauve dans son dos. Elle sentait son souffle s'amplifier derrière elle tandis que ses pattes griffaient le sol de ciment. Quand elle se retrouva face aux baguettes de la crapaudine, le puma lança sa patte dans une glissade, tel un joueur de baseball plongeant avec son gant vers une balle à ras de terre. La musaraigne se jeta entre les barreaux de la grille encombrée de pourriture végétale et, au prix d'un effort d'aplatissement limité pour une espèce capable de passer par un trou de cinq millimètres, se glissa dans la gueule de la gouttière, enveloppée par l'haleine du fauve.

Bruce poussa un cri amer et chassa la crapaudine d'un coup de patte. Depuis la volière, un froissement d'ailes lui répondit, suivi d'un feulement identique à celui qu'il venait de pousser.

ET ENSUITE ?

La cheffe soigneuse n'avait aucun mal à imaginer la suite des événements. Pourquoi des thermomètres au mercure étaient-ils encore en usage dans le Parc ? serait la première question qui lui serait posée. Plusieurs réponses possibles : l'habitude, les circonstances, son inconséquence, la lecture impossible des thermomètres électroniques en extérieur, l'ignorance de Nenque. Mais comment justifier le choix d'un soigneur en formation qui ne savait même pas prendre la température ? Un animal d'une telle valeur. Quand on forme quelqu'un, on l'accompagne. Elle était seule responsable. Les thermomètres au mercure étaient interdits, point. C'était sa faute. Elle ne chercherait pas à se disculper, simplement à expliquer. Quels autres manquements aux protocoles allait-on découvrir ? Elle aurait à répondre de tout cela et probablement d'un incident diplomatique. La Chine demanderait des comptes, l'État fédéral autrichien, pays récipiendaire, en demanderait aussi. Son propre pays, dont l'administration procédurière avait contraint le yak à une longue et imprudente escale, incapable d'assumer les conséquences de sa décision, se retournerait contre elle. Il faudrait qu'elle explique comment elle n'avait pas su prendre soin d'un animal aussi précieux pendant quelques jours.

Elle endosserait la responsabilité de ce qui était arrivé, elle en avait déjà informé Nenque, il n'avait pas à s'inquiéter, les thermomètres n'auraient pas dû se trouver dans la salle, elle savait qu'ils n'étaient plus autorisés. Elle aurait dû le prévenir et lui adjoindre un superviseur. Le Gros en vacances et les réductions répétées de personnel l'en avaient empêchée, une connerie devait arriver et maintenant on y était. Elle conseilla à Nenque de dire simplement comment les choses s'étaient passées.

Elle avait merdé de A à Z. Qu'est-ce qui lui avait pris de laisser les thermomètres dans l'armoire ? Elle avait bien foiré le truc, et dans les grandes largeurs. De toute façon, elle n'était pas faite pour le job, trop de paperasses. Elle se rappela les campements, la savane, l'immensité du riff dessiné par l'aube qui répandait son or dans la plaine, l'éveil des animaux qui peuplaient l'air neuf de chants, de cris, de braiments, de claquements, de barrissements et de rugissements, et les crépuscules de sang qui tombaient sur cette vie sauvage de bêtes qui naissaient et mouraient dans une liberté amorale. Comment lui était venue l'idée de s'occuper d'animaux en captivité ?

La mort d'Anil marquait probablement la fin de sa carrière. Les histoires circulaient rapidement dans le petit monde de ce qu'on appelait les travailleurs en milieu animal. Seul un Parc de second rang ou une de ces institutions privées qui peinaient à recruter pourrait lui offrir une seconde chance. Mais en avait-elle envie ? Elle pourrait retourner chez les rangers. Peut-être. N'était-ce pas ce qu'elle avait toujours voulu, au fond ? Une vie débarrassée de l'inutile, désencombrée du passé, dans l'action. Quelle honte y avait-il à fuir ? On ne combat pas une absence. Il n'y avait pas d'ennemi. Plus de trente ans s'étaient écoulés depuis l'accident et le manque était toujours là, comme un trou dans la respiration qui ne la quittait jamais, comme un endroit brûlé aux rayons, de la matière morte, à l'intérieur.

Tic et Tac avaient disposé les pains de glace de chaque côté du gros corps d'Anil, effondré au milieu de son décor peint tel un vieil acteur obèse, placé un paravent végétal pour le dissimuler aux visiteurs et tendu un ruban de signalisation rouge et blanc dans l'allée qui barrait l'accès à l'enclos. La cheffe soigneuse avait appelé le directeur pour l'informer de la situation. Le directeur avait écouté et dit, Très bien, merci et il avait raccroché. Trois mots, en tout et pour tout. Connard.

Enfermée dans son bureau derrière l'écran de son ordinateur, la cheffe soigneuse tapait le compte rendu des événements qu'elle avait décidé d'accompagner de sa lettre de démission.

DE LA MÉTHODE

Le directeur était un homme rond aux traits grossiers qui ne laissaient en rien soupçonner qu'il était capable de finesse, et pourtant il l'était. Son bureau boisé sentait bon l'encaustique. Sur une grande table en bois sombre, un téléphone filaire, un ordinateur portable ouvert, une pile de dossiers d'une dizaine de centimètres de haut, un scorpion rouge dans un presse-papiers en résine, un tennisman doré sur un socle de marbre noir, un pot à crayons avec des feutres noirs, pointe fine, tous identiques, et une lampe des années 1930 avec un pied en laiton et un abat-jour en verre gravé, cerclé d'aluminium, âprement négociée dans une foire d'art et de design et qui disait que son propriétaire aimait les beaux objets. Un confortable fauteuil club, tapissé sur l'assise et le dossier d'une peau de zèbre et qui le suivait depuis son premier poste – une ferme de crocodiles en province –, occupait le centre de la pièce face à deux enceintes disposées de chaque côté de la bibliothèque. C'était son fauteuil fétiche. Sur le mur derrière le bureau, un poster encadré d'un photomontage de Peter Beard montrait le célèbre photographe allongé sur le ventre en train d'écrire dans un carnet, la moitié inférieure du corps avalée par un crocodile.

Le téléphone sonna. Le directeur attendit la troisième sonnerie puis décrocha.

— Direction, dit-il simplement.

Il écouta le compte rendu de la cheffe soigneuse et dit :

Très bien, merci, et raccrocha.

Il attendit quelques secondes, le regard perdu sur la bibliothèque où voisinaient des tranches de livres sur les animaux mais aussi quelques romans récemment primés et des biographies d'hommes illustres, pas de femmes, De Gaulle, Steve Jobs, Hemingway et quelques ouvrages théoriques, *Le Management aujourd'hui*, *Nouvelle économie, nouveau monde*, *L'Industrie du loisir*, *Leadership : les dix commandements*, puis il ouvrit le tiroir de son bureau et en sortit un bloc-notes avec son nom inscrit sur chaque feuille en haut à gauche en Garamond corps 14. Il prit l'un des feutres à pointe fine dans le porte-crayons et en ôta le capuchon. Sur une feuille, il traça trois colonnes, chacune surmontée d'un titre, *Causes Décès* pour la première, *Conséquences Décès* en haut de la deuxième et *Solutions* pour la troisième. Ça aidait à réfléchir. C'était un exercice qu'il aimait bien. Dans les causes du décès, il nota, a) *facteur humain : empoisonnement, atteinte physique, manque d'assistance*. Plus bas dans la colonne, il écrivit, b) *facteur topologique et climatique : canicule, altitude*, et encore en dessous, c) *facteur identitaire : anomalie génétique, événement traumatique antérieur*. Il mentionna en bas de colonne : *Ces causes peuvent s'additionner*. Dans la deuxième colonne, celle des conséquences, il établit une liste nettement plus longue, presque un abécédaire complet. À la lettre I, on trouvait *Incident diplomatique*, à D, *Démission*, à P *Procès*, à R, *Réputation*. Du mot *Réputation* partaient deux flèches, l'une vers *Parc* l'autre vers *Directeur*.

Il arrivait tous les jours qu'un animal meure dans un zoo, un accident pouvait arriver dans n'importe quel établissement. Mais la question n'était pas là. La rareté d'Anil et son caractère symbolique de présent de nation à nation en faisaient l'objet d'un enjeu particulier. Ce cadeau de la prochaine première puissance mondiale à la patrie de Freud et d'Annemarie Moser-Pröll, qui abritait le plus haut zoo d'Europe, ne pouvait disparaître sans que personne ne réclame de compensation politique, matérielle ou financière. Le directeur écrivit en lettres capitales dans la case des solutions, *Échange Marchandise*, qu'il entoura d'un trait noir. S'il anticipait et parvenait à une proposition de réparation avant même que la crise se déclenche, son principal problème disparaîtrait.

Une autopsie précéderait l'équarrissage, c'était la règle pour tous les animaux qui mouraient dans le Parc, salariés mis à part. Les animaux mort-nés aussi étaient autopsiés. L'autopsie permettait d'évaluer l'état sanitaire des populations en résidence. Il devrait en référer à son ministère de tutelle qui prendrait contact avec l'ambassade de la République populaire de Chine et avec celle d'Autriche. D'autres questions se poseraient par la suite mais à huis clos, sous le sceau d'une relative confidentialité, des questions dont les réponses prouveraient qu'il existait une zone grise et que les responsabilités incombaient autant au ministère, qui avait revu les crédits du Parc à la baisse, il n'y avait qu'à consulter l'historique des contributions des dix dernières années, et contraignait à travailler en sous-effectif, qu'à l'erreur humaine, en l'occurrence celle du soigneur équatorien et de sa supérieure directe. Il était hors de question que la direction, lui en l'occurrence, porte le chapeau de ce lamentable incident. Il fit apparaître sur l'écran de son ordinateur le tableau réactualisé quotidiennement de l'ensemble des pensionnaires du Parc et fit l'inventaire de ses ressources. Enfin, il fit apparaître sous la troisième colonne, sous *Échange Marchandise*, quelques noms d'animaux susceptibles de compenser la disparition d'Anil. Il lui en fallait deux, un pour le pays donateur, l'autre pour le destinataire. Jad-bal-ja n'était bien évidemment pas sur la liste des échangeables. Jad-bal-ja valait un troupeau de yaks sauvages à lui seul, à supposer que quelqu'un ait envie d'avoir un troupeau de yaks. Un zoo reste une entreprise de divertissement qu'il faut faire tourner et les gens ne se déplacent pas pour voir une grosse vache poilue, même en plusieurs exemplaires, juste parce qu'elle a de grandes cornes et qu'il n'en reste plus beaucoup. Jennifer, la tortue géante, ce n'était pas la peine d'y penser, autant expulser Jésus de la crèche. Il organisa des paires d'animaux sur la feuille et fit quelques croisements pour aboutir finalement à une offre qui lui parut tenir la route. Évidemment, pour que les transferts soient acceptés, il lui faudrait obtenir l'accord des coordinateurs, mais la pression de l'administration pour résorber la crise au plus vite et ménager sa propre réputation primerait.

Il écrivit : *Le puma à la Chine*. C'était cher payé, mais la Chine était un grand pays pourvoyeur de pandas, avec lequel il valait mieux rester en bons termes. Un couple de pandas pouvait accroître les recettes d'un établissement de vingt-cinq à quarante pour cent, même s'il ne s'agissait jamais de don, mais de location temporaire dont les mensualités versées à la République populaire de Chine étaient élevées. Le pays de Mahler et Niki Lauda ne pouvait se contenter d'un tapir qui n'est jamais qu'un cochon noir raté ou d'un lama qu'on peut voir brouter sur les ronds-points ou les bas-côtés, en été, dès qu'un cirque minable s'installe dans les environs. Le jaguar était un bon produit d'appel pour Innsbruck, un animal bankable. Un dieu aztèque, ça n'était pas rien. C'était aussi l'occasion de se débarrasser d'un animal problématique. Bon, d'accord, Tezca était devenu dingue, mais pour l'instant, qui était au courant ? Il avait bien fait de ne pas se précipiter. L'information n'était pas encore remontée à son coordinateur, basé en Irlande. Le ministère voudrait régler la crise au plus vite et le coordinateur autoriserait le transfert sans avoir besoin d'examiner Tezca, puisqu'il avait l'aval du Parc. Une fois en Autriche, on pourrait toujours prétendre que le voyage avait abîmé le jaguar ou peut-être que le jaguar ne supportait tout simplement pas sa nouvelle résidence. Il faudrait s'assurer de la coopération *a minima* passive du vétérinaire. Il n'était pas irréprochable dans cette histoire. N'avait-il pas tardé avant d'établir le rapport d'observation qui se trouvait aujourd'hui sur son bureau concernant les troubles de Tezca ? Il serait inutile de lui rappeler que ce n'étaient pas les vétérinaires qui manquaient sur la place et que des CV de candidats à son poste, dans un Parc du top five, il en avait un tiroir plein. Le directeur entoura les noms des deux fauves, fit partir de Tezca une flèche à la pointe de laquelle il écrivit "check vétérinaire" et se dit qu'il venait de résoudre son principal problème car, sans la caisse de résonance d'un incident diplomatique, il n'y avait aucune chance pour que les médias s'emparent de l'affaire. Personne ne s'était intéressé à l'escale du yak. Le yak n'est ni un panda ni un rhinocéros noir. On tuait près de quinze mille bovins par jour dans le pays et personne ne s'en émouvait. Quant au remplacement de Tezca, un jeune tigre était disponible dans un établissement avec lequel il entretenait de bonnes relations. S'il parvenait à l'obtenir, il gagnerait au change. Les tigres étaient facilement mécénables, et en boutique, du sticker à la trousse d'écolier en passant par les tongs et les jeux de cartes, tout ce qui portait un motif à rayures jaunes et noires se vendait comme des petits pains.

UN TABLEAU DE HOPPER

Le guichetier passa devant les lynx ibériques qui somnolaient à l'ombre d'une roche plate dans une imitation de sous-bois. Dans l'espace mitoyen, le caracal faisait sa toilette et deux grandes oreilles terminées par deux pinceaux noirs trahissaient la présence de madame derrière le tronc d'un bouleau. Plus loin, les ocelots traînassaient dans leur deux-pièces tropical, et le diable de Tasmanie, une espèce de gros rat en colère de la taille d'un chien, parcourait sa zone buissonneuse comme s'il avait perdu un billet gagnant à la loterie. Perpétuellement affamé et prêt à tuer jusqu'aux membres de sa propre espèce pour n'importe quoi qui se mange, le marsupial carnivore vivait seul. Son cri strident de métal qu'on découpe achevait d'en faire le mammifère le plus déplaisant de la planète, loin devant la hyène. Mais le nom suscitait la curiosité et le temps d'arrêt devant son espace se situait dans la moyenne haute du Parc, à croire que l'humain possède un intérêt égal pour ce qu'il aime et pour ce qui lui répugne.

La piste du Lion croisait celle du Puma, à la pointe sud du zeppelin, et menait aux biotopes à ciel ouvert des vigognes, des guanacos, des coatis roux et des girafes et, au-delà, à la fosse des lions.

Malgré la fournaise, les girafes trouvaient l'énergie de se mouvoir avec élégance, tels des rubans derrière leur clôture de bois, leur long cou semblant gouverné par le vent. Un réseau de fins vaisseaux sanguins entourait chaque tache de leur pelage et leur permettait de réguler leur température selon les variations extérieures, avec une différence de trois degrés entre la tête et le corps. Elles déambulaient ensemble, sur un terrain vague où poussaient quelques touffes d'une herbe quelconque et deux acacias dont presque toutes les feuilles avaient disparu. Contrairement à leur apparence de bibelot géant, les girafes sont des animaux robustes de presque deux tonnes pour les mâles, et les coups de tête qu'ils se donnent sur le cou pour régler leur rivalité sont d'une violence telle que, heureusement, ils manquent souvent leur but. Une girafe peut distancer un lion à la course ou, si l'élan lui manque pour s'enfuir, le tuer d'un coup de sabot. Cela n'arrive pas si souvent non plus, car les lions sont tout à fait conscients du problème et préfèrent attaquer les girafes lorsqu'elles broutent au sol, de face, en leur mordant le museau. La pancarte plastifiée sur la barrière de bois précisait que le cœur de la girafe pèse onze kilos et qu'il faut bien une pompe de cette taille pour propulser le sang vers le cerveau, trois mètres plus haut. Un système de valves et de compensateurs évite que ce même cerveau soit noyé par le sang lorsque la girafe baisse la tête sous le niveau du cœur, pour se désaltérer ou s'occuper d'un nouveau-né. La pancarte rapportait aussi que les girafes sont championnes de la micro-sieste et ne dorment jamais plus de deux heures par jour en fractionné, parfois des sommeils d'une minute. Enfin, comme si cela ne suffisait pas à en faire un animal exceptionnel, la plaquette concluait par une information qui à elle seule aurait suffi à la rendre remarquable, la girafe était le seul mammifère sur la planète à ne pas bâiller.

Le guichetier tourna le dos à la languide évolution des ruminants géants et reprit sa marche. Il aurait voulu s'asseoir mais la piste du Lion qui s'étirait devant lui ne lui proposait ni ombre ni banc. Il mit sa main en visière et remarqua au bout de l'allée, posées sur le miroir d'une flaque de chaleur, les silhouettes tremblantes des deux adolescents qu'il avait accueillis plus tôt dans la matinée.

Il n'avait pas d'enfant et avait regretté longtemps de ne pas avoir trouvé celle qui aurait pu lui en donner. Il s'était consolé plus tard en se disant qu'il avait gagné ainsi la liberté de ne pas se sentir responsable, ne serait-ce que partiellement, de leur bonheur ou de leur malheur. S'il avait parfois cédé à ses pulsions, cela n'avait jamais dépassé le cadre de rencontres sans lendemain et sans qu'il fût jamais tenté de participer à la perpétuation de l'espèce ni ne cédât à la passion qui aurait pu l'y pousser. Ainsi avait-il maintenu tout au long de sa vie une forme de neutralité émotionnelle, comme il existe une neutralité carbone, dont il se satisfaisait. Il était resté en retrait, à distance de tout conflit affectif, de toute violence psychologique, et le sentiment de ne pas avoir ajouté au malheur du monde, car le malheur gouvernait l'espèce humaine, la radio le lui rappelait quotidiennement, le confortait dans la justesse de sa position.

Il s'essuya le front encore une fois et se dirigea vers les deux adolescents. La pente lui parut plus prononcée que d'habitude.

TWO OF US

Jad-bal-ja n'avait pas bougé depuis le début de la matinée et se trouvait encore loin d'avoir épuisé ses dix-huit heures de sommeil journalier. Son pelage jaune se confondait avec l'herbe jaune et la masse noire de sa crinière se détachait dans l'espace surexposé, comme une tache d'encre sur du papier recyclé. Il observait entre ses paupières presque closes les silhouettes des deux garçons aux contours mangés par la lumière, derrière l'écran vitré.

— Roi des animaux, roi des feignasses, ouais, dit le Brun et il passa plusieurs fois la main dans ses cheveux pour en éventer les boucles noires et brillantes.

— Tu sais pourquoi ils ont de grosses couilles ? demanda le Blond.

— Les lions ?

— Les lions, pourquoi ils ont de grosses couilles.

— Balance.

— Ils font des réserves. Au printemps, y s'tapent une lionne toutes les demi-heures, ça peut durer trois jours, calcule.

— C'est malsain.

— Ça le met KO pour l'année, dit le Blond en regardant la masse immobile du félin couché dans sa savane miniature.

Il n'aurait pas dû prendre le yaourt. Les laitages ne lui réussissaient pas. Il parvint en haut de la côte qui ne méritait que le nom de faux plat, mais avait suffi à l'essouffler, et dut faire ombre de sa main pour voir les aiguilles de sa montre. Sur l'esplanade, le Blond et le Brun, face à la vitre panoramique, lui tournaient le dos. Il toucha ses cheveux et les trouva brûlants. Il sortit la serviette en papier pliée au fond de sa poche et s'essuya le visage. Un chiffre lui revint. Dix millions. Dix millions de quoi ? De *Bonne visite !* Qui pouvait en dire autant ? Combien d'heures assis, déjà ? Cinq cent mille ? cinquante mille ? Non, voilà qu'il s'embrouillait. Combien lui en restait-il, combien de jours ? Trois cent vingt-huit, ça, il se rappelait. Moins d'un an, et ensuite ? Ensuite, dehors. Déjà. Il aurait dû se couvrir la tête. Et boire aussi, boire plus. Comme les vieux. Il toussa et les garçons se retournèrent.

— Toujours rien, dit le Blond en regardant son téléphone.

— Demande, dit le Brun.

— Qu'est-ce qu'il en sait ?

— C'est le type de la caisse.

— Ils ont des brouilleurs, j'te dis.

— Des brouilleurs ? T'es pas à l'ONU.

— À cause des ondes, les animaux, ça les rend dingue. Mon beau-père, y dit que c'est depuis qu'y a des ondes avec les téléphones et les satellites que tout déconne, ça modifie le cerveau des gens.

— Ça a dû modifier le sien aussi, à mon avis.

— Eh, m'sieu, y a un code ou quoi ? lança le Blond en mettant ses mains en porte-voix.

— Comment ? dit le guichetier.

— Le réseau ! dit le Blond en agitant son téléphone.

— C'est le béton, articula le guichetier encore essoufflé en rangeant la serviette en papier dans la poche, à cause des tiges de fer, essayez vers les girafes, des fois, ça passe.

— Trois pour cent, dit le Brun en regardant à son tour son téléphone. On dégage ?

Et ils s'éloignèrent après un dernier regard dépité au lion dans la fosse. Jad-bal-ja fouettait l'air de sa queue, ce qu'il aurait fait dans la savane pour chasser les mouches qui pullulaient, mais qui dans un Parc sans mouches ne servait qu'à lui aérer les parties.

Le guichetier sortit à nouveau la boulette de papier de sa poche, mais la serviette lui échappa et tomba au sol. Quel imbécile ! Il se baissa et dut s'y reprendre à deux fois avant de la ramasser du bout des doigts. Il n'avait jamais été très souple et la sédentarité de son métier n'avait rien arrangé. Il se redressa en poussant avec les mains sur ses genoux, mais à mi-course une lance lui traversa les côtes et l'arrêta net dans son mouvement. La douleur disparut presque aussitôt comme si elle s'était contentée de le traverser et il n'eut pas le temps de crier. Il resta bouche ouverte, attendant que le souffle lui revienne. Puis il acheva de se relever et aperçut, blanchi par la lumière, au-delà de l'esplanade, le dos des garçons qui s'éloignaient dans l'allée. C'est exactement ça, pensa-t-il, un monde qui s'éloigne. Il ne comprenait pas les jeunes, ils appartenaient à une autre espèce. Ses contemporains s'écartaient de lui à la vitesse d'une expansion galactique. Comment faisaient-ils, les autres, pour suivre et s'adapter à ce monde qui chaque jour inventait de nouvelles façons de faire, de parler, de penser ? Chaque nouvelle journée le confrontait à un nouvel outil dont le fonctionnement lui échappait, un mot dont le sens lui échappait, une référence qu'il ignorait. Depuis qu'il travaillait dans le Parc, il avait dû composer avec un nombre invraisemblable de moyens de paiement différents, nouveaux terminaux, nouveaux protocoles, nouveaux écrans, nouveaux logiciels. La ville aussi changeait, les rues changeaient, les gens, les comportements, comme si tout se désagrégeait, disparaissait, tout ce à quoi il était habitué et qui était resté si longtemps inchangé. Ce monde n'était plus pour lui et peut-être qu'il n'était plus pour personne, se dit-il. Luimême sentait qu'il s'effritait. Un processus d'érosion, de peaux mortes, de cheveux, de muscles, de connexions neuronales et de souvenirs qui le quittaient et l'amenuisaient comme un château de sable que l'eau rapetisse jusqu'à l'effacer.

Il posa la main contre la paroi dans laquelle s'enchâssait l'épaisse vitre qui ouvrait sur la biozone du lion et s'essuya le front avec ce qui restait de la serviette en papier, puis il lissa ses sourcils pour chasser les peluches de cellulose qui s'y étaient réfugiées. La tête lui tournait un peu et la sueur lui piquait les yeux. Une bouffée d'angoisse pénétra son esprit et une série de pensées qui n'étaient pas nouvelles l'assaillirent en essaim. Depuis quand ne s'était-il pas fait contrôler ? Que se passerait-il s'il devait aller à l'hôpital ? Ce serait la première marche d'un escalier qui descendait et en comptait peu. Chacune d'elles constituerait une étape dégradante qu'il lui faudrait accepter. Car à son âge, rien ne s'arrangeait jamais. Il avait le sentiment d'avancer dans un couloir dont les portes se refermaient à mesure qu'il progressait. Sur l'une de ces portes était écrit *Tu ne peux plus soulever ce poids*, sur une autre *Tu n'as plus l'énergie d'entreprendre cette tâche*, et sur une autre *Tu n'es plus capable de monter ces marches deux par deux*, une liste de petits deuils et d'abandons qui s'allongeait jusqu'à ce que plus rien ne soit possible, pas même respirer. Une arborescence inversée dont les choix se réduisaient à chaque ramification. Comment vivrait-il ? Et dans quel état ? Il n'avait pas les moyens d'avoir quelqu'un pour l'aider. Il regarda Jad-bal-ja impassible, comme un jouet posé sur l'herbe, avec sa queue mécanique. Combien de temps ? Combien de temps avant qu'on referme sur lui la porte d'une chambre qui sentirait le désinfectant et sur laquelle était écrit à l'encre invisible *Toi qui entres ici, abandonne toute espérance*. Combien de temps à supporter l'ennui des heures vides, à appuyer sur la sonnette sans que personne ne vienne, la toux, les râles et les cris de pensionnaires que la nuit effraie, combien de temps avant qu'il ne faille le nourrir lui aussi comme un animal en cage et qu'il se mette à crier la nuit, comme les autres ? Il entendait chaque grain du sablier tomber dans un fracas assourdissant et dévaler la pente du monticule bientôt achevé.

Il eut soudain conscience du gouffre qui s'ouvrait devant lui et rien ne lui vint sur la façon dont il pourrait le combler. Le contact de l'enceinte de béton le rassura. Il posa l'autre main sur la surface granuleuse. Il avait dû prendre un coup de soleil sur le crâne. Il sentait le col de sa chemise mouillée de sueur frotter sur sa nuque. Il s'appuya un peu plus sur la paroi et sentit que les choses se stabilisaient, il respirait mieux. Voilà, il allait mieux, il avait chaud mais il allait mieux. L'alerte était passée. Jusqu'à quand ? Il n'eut pas besoin de laisser revenir à lui les pensées qu'il avait déjà formées, elles imprégnaient sa conscience comme une odeur de tabac un pull-over de laine. Il n'avait nul besoin de formuler la conclusion qu'il avait tirée d'une question ancienne, Comment éviter ça ? Il avait décidé que ce n'était pas au temps d'apporter la réponse, le temps ne l'aiderait pas plus qu'il ne l'avait fait jusqu'à présent. Le temps n'aidait personne. Il lui avait pourtant fait confiance, il avait attendu toute sa vie qu'advienne quelque chose, un hasard, une rencontre, mais rien ne s'était produit. Le temps l'avait trahi. Il avait attendu, mais la vie avait continué de suivre une ligne droite et sans surprise. Il n'avait jamais eu à choisir entre deux chemins et s'était résigné à une existence assise et solitaire qui glissait maintenant vers son achèvement. C'était le prix à payer pour n'avoir pas voulu s'impliquer, pour être resté à l'écart.

Il s'était déjà dit tout ça. C'était à lui de décider du moment, pas à l'horloge. Mais comment savoir que le moment était arrivé ? À quel signe se fier ? Devait-il sauter dans le vide au premier col du fémur cassé ou aux premières absences constatées ?

Son cerveau était prisonnier d'un tourbillon de pensées qu'il avait déjà ruminées et qui revenaient comme un cheval de manège. Il fut pris de nausée et dut faire un effort pour contenir un spasme qui l'amenait à vomir. Il se força à respirer lentement et resta un moment appuyé contre la paroi.

Et soudain, sans aucun signe précurseur, oiseaux qui se taisent, éclairs dans le ciel, grondement tellurique, un éclat de lumière fulgurant troua la nuée opaque de ses pensées et ce fut comme si la lumière éclairait son âme. Écrire sa propre fin. Une fin – il chercha un adjectif – extraordinaire, une fin extraordinaire, qu'on emportait avec soi.

Choisir le moment, c'était choisir le sens qu'on donnait à sa vie, une image qui la condense, une scène, un tableau, le Christ sur la croix, la mort de Sardanapale. C'est la fin qui donne un sens aux histoires. L'idée se logea en lui comme un chat s'installe sur un coussin.

Il regarda Jad-bal-ja indifférent à la chaleur près de son rocher réglable. La lumière brûlait les ombres et, à l'exception de la masse sombre de la crinière, confondait la terre sèche et le pelage du lion dans un même ocre-jaune sur lequel des lignes au fusain dessinaient l'échine, la cuisse, la queue. C'était le dessin de Rembrandt d'un lion au repos qui illustrait la couverture de ce livre acheté sur l'étal extérieur d'une librairie ou était-ce un marché ? *De Lascaux à Picasso, les animaux dans l'art*, un livre qu'on aurait pu trouver dans la boutique d'un musée ou d'un parc.

Voilà, ça allait mieux. Il était prêt. Revenir au point de départ, une confrontation primitive, celle des premiers hommes encore conscients d'appartenir à un ordre naturel, à égalité avec l'aurochs ou le tigre à dents de sabre, quand l'humanité était encore légitime, avant qu'on la divise en classes et en couleurs. Il serait cet homme. Racheter son humanité et celle de l'espèce dans un affrontement simple et archaïque, revenir aux origines. Voilà comment il comptait finir l'histoire.

Il prit une profonde inspiration. La sensation de vertige n'avait pas totalement disparu mais ça allait mieux, l'alerte était passée. Une main en visière, il leva la tête. L'imitation d'escarpement rocheux offrait de nombreuses prises. Il avait fait un peu d'escalade quand il était jeune, à l'armée, mais l'inconnu, c'étaient les muscles. Il posa le pied sur un renflement du béton et lentement, précautionneusement, tel un paresseux, il commença à grimper.

FIRE AND FORGET

Une délégation du troisième âge campait devant la biozone des flamants quand la femme sortit du serpentarium, trois silhouettes prolongées de bâtons de marche qui se confondaient avec celles des échassiers devant la surface scintillante de la mare, deux hommes et une femme avec un chapeau de paille comme dans une gravure ancienne. Elle ajusta son sac à dos sur l'épaule et longea les bâtiments administratifs sans croiser d'autres visiteurs. Un air de musique classique s'échappait d'une des fenêtres au premier. Elle dépassa l'infirmerie et la chambre froide et déboucha sur l'entrée des fournisseurs et du personnel, une esplanade que fermait un grand portail métallique vert bouteille. Le gardien chargé de contrôler depuis sa cabine les entrées, mais pas les sorties, ne leva pas la tête de son écran et la femme se glissa à l'extérieur. Quelques véhicules chauffés à blanc agonisaient sur le parking du personnel. Elle franchit l'avenue qui longeait le parking sans regarder ni à gauche ni à droite, prit la clé au fond de sa poche et la jeta dans le caniveau avant de s'éloigner à pas pressés vers une station de métro dont la bouche promettait une haleine plus fraîche.

Ça retomberait sur la tête du Gros, mais ça n'était pas son problème. Il n'était qu'un rouage, mais les rouages faisaient tourner le système, ouvraient les portes et les refermaient, allumaient ou éteignaient la lumière, nettoyaient, comptaient, surveillaient, sans eux rien ne marchait. Elle avait hâte d'arriver chez elle, de se doucher et de partager la nouvelle de son action sur un portail qui garantirait son anonymat. Une opération en solo, menée à bien de bout en bout. Les membres de l'association ne se rencontraient jamais et communiquaient sous pseudonymes et par messagerie cryptée. Le bureau de l'association recueillait les témoignages des actions menées par les sympathisants anonymes et en diffusait les comptes rendus auprès des médias. Elle rajusta la bretelle de son sac à dos sur l'épaule et, quand la rame arriva, monta dans un wagon et choisit un strapontin près de la porte. Le métro glissa telle une couleuvre le long du quai et le tunnel l'avala.

FRANCHIR L'OBSTACLE

— Eh m'sieu, mais qu'esse tu fais ?

Le Blond et le Brun étaient revenus sur leurs pas.

Le guichetier n'essaya pas de se retourner ni de répondre et poursuivit son ascension avec lenteur.

— Qu'est-ce qu'il fout, ce con ? dit le Brun.

Ses membres tremblaient ou plutôt ses muscles, au bord de la tétanie, qui agitaient sa peau fine et blanche, comme un courant électrique. Il risqua un regard sous lui et vit les deux adolescents. Il vit leur bouche s'ouvrir et se fermer mais n'entendit pas leur voix. Il était à moins d'un mètre du haut du mur. Il parvint finalement à passer les deux bras par-dessus le sommet de l'enceinte où il resta agrippé, le menton sur l'arête, comme une tête de décapité sur un mur. Il avait l'impression que les rayons du soleil lui traversaient le crâne. Son regard embrassait maintenant la mini-savane qui s'étendait sous lui et Jad-bal-ja, couché en son centre. Au-delà s'étendait la partie nord du Parc, le zeppelin, les flamants, le serpentarium et les bâtiments administratifs et, plus loin encore, la ville dans un brouillard de chaleur ondulante et de particules fines.

Jad-bal-ja ne bougeait pas. Seule sa queue remuait comme la patte d'un maneki-neko dans la vitrine d'un restaurant japonais.

Quand le guichetier eut recouvré son souffle, il parvint au prix de pénibles contorsions à se mettre à cheval sur le mur. Où avait-il mis la serviette en papier ? Il s'essuya le front avec l'avant-bras et considéra un instant les poils blancs collés sur sa peau crayeuse qui laissait entrevoir les veines bleues qui sinuaient dessous. Il regarda de nouveau le lion et son assurance massive puis regarda l'à-pic sous lui qui était plus important que celui qu'il venait de gravir. Il lui serait plus facile de descendre, avec la gravité, se dit-il. Il se coucha sur le haut du mur, laissa pendre une jambe vers la fosse et trouva un appui. Puis il plaça une main sur le rebord tandis que l'autre cherchait une prise, plus bas. Lorsqu'il eut trois points assurés, le guichetier bascula sa deuxième jambe et commença à descendre.

La dureté du soleil sur la peau épaisse de Jad-bal-ja l'obligeait à respirer gueule ouverte, mais il préférait ça, voir le ciel et sentir sous lui la terre sèche. Elsa, Jayne et Goosha avaient choisi de rester à l'ombre et de partager ce qu'elles avaient à partager entre les murs de béton gris-jaune du refuge intérieur, un deux cents mètres carrés qui sentait le désinfectant biologique. Jad-bal-ja redressa sa grosse tête pour ventiler sa crinière.

LA BASCULE

Assommée par la chaleur, la ville avait réduit son activité. Sa population trouvait le réconfort à l'ombre des terrasses et des galeries, réfugiée dans les espaces climatisés des bureaux, des centres commerciaux, des hôtels, des cinémas et des boutiques, grâce à un air dont la production ne faisait qu'accroître les températures à venir et justifierait la vente de nouveaux appareils à refroidir encore plus efficaces. Les quelques visiteurs qui erraient dans le Parc ne suffisaient pas à troubler cette quiétude pesante et c'est dans un silence assoupi que le Gitan, bien qu'à deux cents mètres de là, entendit la voix jeune et perchée du Blond qui criait quelque chose. Il ne comprit pas ce que disait l'adolescent, mais son intonation suffit à lui faire lâcher le seau de viande cuite et les yaourts des babouins, diversification alimentaire oblige.

Quand il arriva sur l'esplanade qui dominait l'aire de Jad-bal-ja, il découvrit les deux adolescents devant l'écran de verre et, avant même qu'ils ouvrent la bouche, suivit le regard du Blond vers le sommet du mur, le temps de voir disparaître une chaussure noire de l'autre côté.

— Vérole, pensa le Gitan, et il prit aussitôt son talkie-walkie.

La cheffe soigneuse relisait sa lettre de démission lorsque la radio crépita. Elle prit l'appareil. Le Gitan expliqua la situation, un homme était entré dans l'enceinte des lions, le Vieux, d'après un gamin sur place, oui, le guichetier. Le Vieux était passé de l'autre côté du mur maintenant et, pour l'apercevoir, il fallait grimper.

— J'arrive.

Elle raccrocha, se leva et appela le directeur sur la ligne fixe.

Le directeur avait été très clair lors de son entrée en fonction. Hors de question qu'il s'équipe d'une radio, comme les soigneurs, les agents de maintenance et les jardiniers. La radio était un outil pour le personnel opérationnel. Lui, son travail, c'était de diriger, de manager, de gérer, d'avoir la vision. Il n'avait pas besoin d'une radio pour ça. Quant à son portable, il le réservait à sa vie privée et rien ne l'obligeait à communiquer son numéro. On pouvait le joindre sur la ligne fixe officielle à son bureau, c'était fait pour ça. C'était ça être professionnel, déléguer et ne pas mélanger les genres.

Tandis que le téléphone filaire sonnait, profondément calé dans son fauteuil fétiche, casque sans fil à réduction de bruit active sur les oreilles, un achat récent, le directeur écoutait la *Sonate pour piano no 23* de Beethoven en mode *noise cancellation level* 10. Dans cet environnement exempt de toute pollution sonore que le bruit blanc du casque tenait à distance, il s'abandonnait aux vagues tempétueuses du piano de Wihelm Kempff et à la satisfaction d'avoir bâti un plan solide. Il proposerait aux autorités de tutelle une solution qui les tirerait d'embarras. Ils seraient trop heureux, au ministère, de ne pas avoir à réfléchir par eux-mêmes à une alternative. S'il manœuvrait bien, il y gagnerait même la réputation d'un homme sur qui on pouvait compter en situation de crise, un dirigeant de sang-froid. C'est dans ces moments-là qu'on avait besoin de gens comme lui, à la fois stratèges et tacticiens. Il avait appris au cours de sa formation qu'une crise était une opportunité, et l'idée d'en profiter pour se débarrasser du jaguar fou était brillante. Certes, il perdrait le puma, mais conserverait sa réputation et celle du Parc. Tout n'était pas réglé, bien sûr, et il faudrait soigner certaines étapes, mais oui, son plan était solide. Il remplacerait la cheffe soigneuse, aucun doute là-dessus, et cet imbécile de stagiaire équatorien retournerait chez lui. Pour le vétérinaire, on verrait plus tard.

À la dixième sonnerie, une boîte vocale prit le relais. La cheffe soigneuse ne laissa pas de message. Le vétérinaire était occupé à l'évacuation d'Anil quand il répondit. Elle lui dit de rappliquer avec le fusil hypodermique, le Vieux était descendu dans la fosse, elle rejoignait le Gitan sur place. Le vétérinaire dit, Merde, c'est la journée, il devait repasser par l'infirmerie pour le fusil, il faisait au plus vite, merde, merde.

STRATÉGIES

Le taïpan du désert fouilla l'air de sa langue, renifla autour de lui et mit finalement le cap sur l'entrée du bâtiment de briques rouges. Il traversa l'allée de caoutchouc et adopta la reptation latérale des serpents sur le sable brûlant, qui réduit la surface en contact avec le sol et donne l'illusion d'une vis sans fin, comme les vieilles enseignes de barbiers rouge et bleu. Le taïpan dépassa la pancarte *Administration* et suivit la bande de gazon qui longeait le bâtiment. Sa priorité, comme tout évadé, était de trouver un endroit où se mettre en sécurité. Après, il serait toujours temps de voir si un oisillon, un rat ou une souris ne traînait pas dans le coin. Il pénétra dans le building et rampa sur le carrelage froid. Un couloir se présentait à sa gauche et un escalier en bois lui faisait face. Les serpents savent ramper, grimper et voler, et tous savent nager, même ceux qui vivent dans le désert, parce qu'une espèce apparue il y a cent trente millions d'années a eu le temps d'apprendre qu'il peut y avoir de l'eau là où il n'y en avait jamais eu et inversement, ce n'était qu'une question de temps. Difficile de savoir ce qui poussa le taïpan à prendre l'escalier plutôt que le couloir. Peut-être le carrelage trop frais du rez-de-chaussée et l'espoir d'un air plus chaud à l'étage ou l'instinct qui pousse le prédateur à préférer une position dominante quand le lapin ou la marmotte choisissent le terrier.

Il ne fallut pas dix secondes au taïpan du désert pour effacer les vingt marches et contremarches qui menaient à l'étage et se retrouver sur le palier. D'une porte entrouverte s'échappait un air tiède imprégné d'une odeur de bois et de cire qui poussèrent le serpent à glisser sa tête ovale et bleue dans l'entrebâillement et à pénétrer dans la pièce qu'il découvrit de ses yeux ronds et noirs en glissant sur le parquet ciré. Installé dans son fauteuil club en peau de zèbre, le directeur, sous son casque à réduction de bruit active, s'émerveillait en boucle du sang-froid avec lequel il avait géré l'affaire du yak, tandis que l'*Appassionata* de Beethoven, qu'il accompagnait d'une main agitée, se déversait dans ses oreilles.

Le serpent ondula vers la bibliothèque où son instinct lui disait qu'il pourrait s'y dissimuler, car si le taïpan possède un venin cent fois plus létal que celui du crotale, il n'en oublie pas moins d'être méfiant. Une rangée de gros livres posés verticalement à même le sol contre la première étagère semblaient ménager un espace à l'arrière où il pourrait se réfugier. Il était sur le point de l'atteindre quand une série de vibrations brèves sur le plancher capta son attention. Il se redressa sur un tiers de sa longueur et fit pivoter sa tête d'acier en balayant l'air de sa langue. Les vibrations provenaient du mouvement répété d'un mammifère de grande taille. Le mammifère tapait du pied et les fossettes thermosensibles du serpent enregistrèrent une modification de son rayonnement infrarouge et une élévation d'un quart de degré de sa température.

Le taïpan n'attaque qu'en de rares occasions, lorsqu'il a faim ou se sent menacé. Les accidents impliquant un taïpan et un humain sont exceptionnels car les probabilités qu'ils se croisent au cœur de l'Australie désertique sont minces et celles qu'un humain et un taïpan se rencontrent dans un bureau en centre-ville sont nulles. Mais comme toute chose demeure possible tant que l'inverse n'a pas été prouvé, lorsqu'il découvrit la présence du serpent sur le plancher, le directeur se leva d'un bond en hurlant et envoya cogner son fauteuil fétiche contre le bureau. Il commença alors à jeter dans la direction du taïpan un certain nombre d'objets à sa portée et il n'est pas exagéré de dire que le serpent se sentit légitimement menacé par cette pluie de projectiles. Le casque audio atterrit sur le sol sans atteindre le reptile. Le directeur s'empara ensuite du scorpion rouge dans son bloc de résine qui trônait sur le bureau et l'objet laissa la marque d'un de ses coins sur une latte du parquet. La règle en métal rebondit contre la bibliothèque. La statuette de tennisman dorée sur son socle de marbre se brisa en deux au niveau des hanches du joueur. L'ordinateur portable survola le serpent telle une soucoupe volante et alla se crasher contre une plinthe. Le téléphone filaire s'embrouilla dans son propre fil et termina aux pieds du lanceur. Une série d'actions brouillonnes de la part du directeur qui sautait sur place tandis qu'il lançait ce qui lui tombait sous la main dans une chorégraphie décousue et grotesque. Pour finir, l'homme saisit la lampe des années 1930 qu'il aimait tant, une pièce lourde avec sa coupole de verre gravé et son pied en laiton, contondante et coupante à la fois, un projectile avec une surface d'impact importante, l'arme parfaite. Mais heureusement pour la lampe et malheureusement pour le directeur, il n'eut pas le temps de la lancer.

Au même instant et en ordre dispersé, une vingtaine de reptiles, naja, cobra, mocassins et boas, sortaient de leur terrarium et se répandaient mollement hors du bâtiment qui les abritait.

MORITURI

Le guichetier se trouvait toujours dans un angle mort, et ni le Gitan ni les deux adolescents ne parvenaient à l'apercevoir, même collés à la paroi de verre. Impossible de savoir s'il s'était fracassé le crâne en bas de la fosse ou s'il était toujours en train de descendre. Le Gitan commença à escalader le mur, ses cheveux noirs dans le dos, tel un Sioux Lakota dans les collines Noires.

— Je filme, dit le Blond en braquant le téléphone au bout de sa perche sur le soigneur.

Le soigneur atteignit le sommet du mur et s'y installa à cheval, sa boucle d'oreille en or telle une étoile en plein jour. De sa position, il dominait la biozone de Jad-bal-ja. Il espérait que le Vieux serait toujours cramponné à la paroi mais il le découvrit au pied du mur, qui se remettait debout. Le franchissement de l'enceinte semblait l'avoir épuisé. Le Gitan appela, mais le guichetier ne leva pas la tête.

Ses membres tremblaient encore. Il avait bien failli chuter dans la fosse. Il regarda ses mains zébrées d'éraflures et les essuya sur son pantalon. Lorsqu'il fut debout, il vit le lion posé sur l'herbe jaune à une cinquantaine de mètres. Il avança de quelques pas, et les garçons derrière la vitre le virent sortir de l'angle mort.

— Enculé ! dit le Blond.

Il réorienta la perche télescopique vers la fosse et prit une photo qu'il montra au Brun, son visage déformé au premier plan et la minuscule silhouette du guichetier en contrebas avec, dans un coin supérieur de l'image, un amas de pixels dans lequel il était difficile de reconnaître un lion.

— Ça pourrait être rien, ce serait pareil, dit le Brun.

— C'est un truc de gladiateurs, dit le Blond et il retourna la perche vers la fosse.

Jad-bal-ja avait suivi la descente de l'homme le long de la paroi tel un insecte malhabile et maintenant l'homme était là, sur son territoire. Ses pupilles rondes se rétrécirent.

FOCUS

En chemin, la cheffe soigneuse tenta à nouveau de joindre le directeur, mais le directeur ne répondit pas. Elle appela ensuite le poste des gardiens à l'entrée puis le poste de contrôle des fournisseurs et leur demanda de fermer le Parc, pas de nouveaux visiteurs, elle en prenait la responsabilité. Il y avait eu une intrusion et le directeur était injoignable. Quant aux visiteurs déjà à l'intérieur, il fallait les orienter vers la sortie et interdire l'accès à la piste du Lion par des rubans de sécurité, qu'ils préviennent les agents de maintenance. Elle accéléra le pas. La dureté du soleil ressuscita le souvenir des longues marches dans la fournaise sans relief du parc de Mudumu.

Lorsqu'elle parvint devant le belvédère, elle découvrit les deux adolescents collés à la vitre comme des poissons nettoyeurs et le Gitan perché sur son promontoire, mais son attention se porta sur Jad-bal-ja, couché dans la fosse. Le lion avait maintenant relevé son énorme tête et regardait, les yeux bien ouverts, le guichetier, tel un épouvantail mal planté dans son pantalon gris trop grand, serré au niveau du nombril, et sa chemise aux manches retroussées qui flottait autour de lui. Elle estima la distance qui les séparait à une quarantaine de mètres. Putain de journée.

Elle leva la tête vers le sommet du mur et le Gitan lui fit signe de le rejoindre. Elle examina la paroi et se tourna vers le Blond.

— Merci, dit-elle.

Elle s'empara de la perche télescopique, déclipsa le téléphone, le rendit au garçon et glissa la perche dans son dos entre pantalon et ceinture. Puis elle entreprit d'escalader la façade.

— Ma perche ! tenta le Blond, timidement.

— Bien envoyé, ironisa le Brun.

Lorsqu'elle parvint à hauteur du Gitan, le Vieux n'avait toujours pas bougé. Il restait là, debout, étranger à la situation. Elle chercha les lionnes des yeux, scruta la biozone, le bouquet de palmiers nains, la mare, mais Elsa, Jayne et Goosha semblaient s'être réfugiées à l'intérieur du bâtiment. C'était déjà ça. Jadbal-ja ne se sentirait pas obligé de fanfaronner devant les dames comme la plupart des mâles dans la nature ou au café.

— Le toubib ? demanda le Gitan à voix basse.

— On peut pas l'attendre, dit-elle.

C'était à elle de régler ça. Elle allait descendre dans la fosse et ramener cet imbécile. Le Gitan ne dit rien, elle possédait une expérience des fauves qu'il n'avait pas et c'était la cheffe. Elle enleva sa casquette, remit en ordre les mèches qui s'en étaient échappées, les aplatit de la paume de la main et resserra le strap ajustable à l'arrière de son crâne. Elle examina à nouveau le mur qui descendait dans la fosse, puis elle saisit la main que lui tendait le Gitan et s'agrippa de l'autre au faîte du mur. Elle inspira comme si elle s'apprêtait à plonger et bascula les jambes et le tronc dans le vide. Le Gitan la regarda entamer sa descente avec le souvenir du contact de sa main dans la sienne.

Lorsqu'elle posa le pied dans la fosse, elle pensa, Un petit pas pour la femme, un grand pas dans la connerie. Elle leva la tête vers la silhouette aux contours brûlés du Gitan et tendit le bras, le pouce dressé. Le Gitan agita sa main à cinq doigts. Elle regretta de ne pas avoir pris de lunettes de soleil et dut plisser les yeux pour se concentrer à nouveau sur le Vieux et Jad-bal-ja.

La journée avait plus que mal commencé et ne semblait pas partie pour mieux finir. Si on lui avait demandé d'où lui venait le courage de faire face aux fauves, elle aurait répondu que ce n'était pas du courage. Elle faisait ce qu'elle avait à faire. C'était comme ça. Le courage, elle aurait dû en avoir avant. Au-delà du souvenir de sa sœur et de l'accident, qui avait durci le regard qu'elle portait sur elle-même et l'avait privée de ce qu'on attendait alors des jeunes filles – une forme de légèreté ou d'optimisme dont les garçons sont exemptés –, le décès d'Anil la rendait brusquement indifférente à son sort. Elle n'avait pas besoin qu'on lui explique pourquoi elle s'était tournée vers les animaux. Elle ne réussissait rien avec les humains, et surtout pas à les retenir. Sa sœur était partie, les hommes partaient, tout le monde partait. On ne pouvait pas lui faire confiance, elle décevait tout le monde. Arrête de geindre, dit-elle pour elle-même, fais ce que tu as à faire. Elle respira profondément pour abaisser son rythme cardiaque.

— Un pas après l'autre, comme si tu glissais, lentement.

C'est généralement le mouvement qui trahit la présence de la proie, plus que son image, et dans la nature l'immobilité compte autant pour la survie que la vitesse de la fuite.

La cheffe soigneuse s'efforçait de calmer sa respiration et de faire le vide dans ses pensées. Elle avança vers le lion dans l'alignement du guichetier, masquée par sa maigre silhouette. Elle n'essaya pas d'appeler le guichetier ni d'attirer son attention. Ne rien faire qui puisse exciter le félin, n'émettre aucun signal, aucune perturbation, aucune phéromone, aucun atome d'adrénaline, rester neutre. Combien de guerriers avait-elle vus traverser la savane à grandes enjambées, le dos droit, armés de leur seule lance de deux mètres à lame de fer, une lutte moléculaire invisible, un avertissement chimique et postural adressé à la savane, que les fauves comprenaient parfaitement. Les lions faisaient généralement mine d'ignorer ces humains, pressentant qu'ils risquaient gros à les affronter.

Mais elle ne pouvait prétendre à ce type de courage. Il ne suffisait pas de vouloir. Elle nota que Jad-bal-ja ne se trouvait plus dans le même abandon. Ses muscles s'étaient ramassés sous sa peau et les lignes d'ombre sur son corps dessinaient un relief plus affirmé. Elle avança, concentrée sur chacun de ses pas qu'elle posait précautionneusement sur le sol, car elle n'avait ni lance de fer ni sang massaï.

Le Vieux était à une dizaine de mètres et s'était remis en marche à petits pas, inconscient de la présence de la cheffe soigneuse dans son dos. Qu'avait-il pu se passer dans sa tête ?

Jad-bal-ja observait cet humain qu'il ne connaissait pas, à l'inverse des soigneurs et du vétérinaire dont les odeurs lui étaient devenues familières, et à mesure que son intérêt grandissait pour le vieil homme qui avançait vers lui, son environnement commença à s'estomper et son champ visuel à s'amenuiser autour de l'intrus. Dans la phase qui précède l'attaque, l'environnement du lion disparaît progressivement de son espace mental et, peu à peu, la cible sur laquelle il se focalise occupe l'intégralité de son champ de vision, avant de se resserrer encore au moment de la charge sur la partie visée, la gorge, la cuisse ou l'échine, comme un zoom de caméra. La cheffe soigneuse nota que les pattes du lion s'élargissaient imperceptiblement sur le sol et, sans les voir, elle sut que les griffes sortaient de leurs fourreaux.

Le guichetier s'arrêta. Il n'avait jamais rien ressenti qui ressemblât à ce qu'il éprouvait à cet instant. Cela n'avait rien à voir avec la sensation de vertige nauséeux qui l'avait saisi avant son ascension et dont il conservait l'arrière-goût. Il ne ressentait plus la chaleur, bien qu'il eût conscience de transpirer abondamment. Maintenant qu'il se trouvait face au fauve – à combien était-il, quinze, vingt mètres ? –, il réalisait combien l'animal était énorme. La masse de fourrure qui encadrait sa tête, impressionnante, un profil rectiligne des oreilles jusqu'à la truffe noire, et des joues comme deux melons, piqués de longues vibrisses, une créature fantastique surgie de l'ancienne Nubie dans un décor de théâtre, avec faux rocher et spectateurs au balcon.

Peut-être le lion allait-il se lever et venir lui lécher la main comme dans le tableau de Rubens, *Daniel dans la fosse aux lions* ? Il comprit soudain qu'il était immobile alors qu'il croyait avancer. Il s'était arrêté. Les ordres donnés à ses jambes ne leur parvenaient pas. Il se découvrit pétrifié, sans aucune prise sur la matière de son corps, et il comprit que l'homme qui le représentait, en pantalon gris trop large et chemise aux manches retroussées sur des bras maigres et blancs, avait peur.

Mais cette peur s'accompagna bientôt du sentiment qu'elle était indissociable de l'expérience qu'il avait choisie. Il était là pour ça, il lui fallait l'accepter, pour atteindre cette dimension nouvelle et vivre pleinement la passion de son sacrifice. Il n'y avait qu'à attendre. Attendre et regarder, voir venir la mort avec ses yeux jaunes et goûter la volupté de cet effroi. Il inscrirait alors sa minuscule trajectoire terrestre dans les lois immémoriales de la nature primitive. Une fin d'homme, une fin – comment la qualifier ? Tandis que son corps se trouvait immobilisé, son esprit tout entier se tourna vers la recherche d'un adjectif. Il avait un problème avec les adjectifs. Honorable ! Une fin honorable, voilà, une fin honorable. Puis il se souvint de l'adjectif *extraordinaire*. Honorable, c'était mieux, l'adjectif s'emboîtait parfaitement avec le mot *fin*, ils formaient une attache solide. Ça sonnait un peu japonais. Il s'imagina en train de se pencher en avant en joignant les mains, et il rit pour lui-même en regardant le lion, Je vous demande une fin honorable, seigneur. Une fin honorable, peut-être l'avait-il entendu dans la bouche d'un acteur, un film de guerre ou sur la mafia. Honorable et extraordinaire, encore mieux, une fin honorable et extraordinaire, ça n'était pas donné à tout le monde. Il regarda le ciel d'un bleu prodigieux, revint sur le lion et ses yeux jaunes et lui sourit. Un tourbillon emportait ce qui restait de sa vie et une conscience nouvelle en émergeait qui se confondait tout entière avec cet effroi fiévreux et enivrant qui ressemblait à une extase. Et telle une phalène obsédée par la lumière, il avança vers le lion.

AUX ARMES

Le vétérinaire était repassé par l'infirmerie. Il avait pris le trousseau qui pendait à sa ceinture, ouvert le placard métallique blanc et s'était emparé du fusil hypodermique, un GUT 50 avec un canon de treize millimètres, une arme qui permettait des tirs rapprochés mais restait précise à une cinquantaine de mètres. Dans le frigo, il prit deux seringues anesthésiantes de vingt millilitres d'étorphine avec leur plumet jaune, un opioïde aux effets analgésiques dix mille fois supérieurs à ceux de la morphine. Puis il sortit de l'infirmerie et composa le numéro du directeur. Personne ne décrocha.

Pourtant, le directeur entendit la sonnerie du téléphone qu'il avait jeté sur le plancher et qui vibrionnait à ses pieds. Mais les morsures successives qui sont la signature du taïpan et la virulence de son venin, un mélange de mycotoxines, neurotoxines et procoagulants, paralysaient ses muscles, contraignaient sa respiration et commençaient à provoquer un certain nombre d'hémorragies dans son système circulatoire. Alors, répondre au téléphone...

La vipère heurtante, de son côté, décida d'ignorer le bâtiment et choisit de traverser l'enclos de Jennifer sous le regard indifférent de sa lointaine cousine.

Elle longea ensuite une zone de buissons, rampa sur une section de terre sèche et de racines émergentes qui s'harmonisaient avec les chevrons sable et bruns tatoués sur ses écailles, puis s'enfonça dans l'ombre d'une végétation tropicale. Les rais de lumière qui filtraient du feuillage et parvenaient au sol semblaient scanner le passage de son corps sinueux. Elle n'entendit ni les sifflements ni les cris d'alarme des oiseaux tout autour, mais préféra ne pas s'attarder dans la volière. Les serpents savent que leur morsure est sans effet contre l'armure de plumes d'un oiseau adulte et qu'un coup de bec ou de serre peut leur être fatal, comme l'illustre si bien le drapeau du Mexique. La vipère passa sous la porte grillagée des soigneurs et traversa l'allée des visiteurs. La façade du zeppelin se dressait devant elle, dans laquelle elle repéra une ouverture, un trou sombre. Là, elle serait en sécurité. La vipère heurtante se dressa et introduisit sa grosse tête triangulaire dans le conduit d'évacuation d'eau de pluie. Une drôle d'odeur flottait dans le tuyau et elle se demanda à quel animal elle pouvait bien appartenir. Dressée contre le mur comme un enfant qui regarde par-dessus une palissade, elle attendit un moment, puis le reste de son corps suivit dans la gouttière.

Tapie à l'autre extrémité du conduit, la musaraigne se remettait de ses émotions. Son rythme cardiaque continuait de baisser et se stabilisa autour de mille pulsations par minute. Une fois de plus, elle s'en était tirée. C'était une combattante, une professionnelle de la survie.

SUR LE TERRAIN

Depuis son promontoire, le Gitan aperçut le vétérinaire qui sortait de l'infirmerie dans sa blouse blanche, fusil à l'épaule, comme une figurine sur une maquette. Seuls quelques chants en provenance de la volière traversaient l'air brûlant. La captivité qui condamnait ses locataires à se croiser en permanence sous son ciel grillagé n'empêchait pas certaines espèces de continuer à se géolocaliser et à s'informer quotidiennement, je suis ici, et moi ici, je suis là, moi aussi je suis là, alors que tout le monde savait très bien où était tout le monde.

Le Gitan pinça sa chemise entrouverte pour laisser l'air circuler entre le tissu et la peau de son torse glabre et reporta son attention sur la fosse. La cheffe soigneuse n'était plus qu'à trois mètres du guichetier qui avait repris sa progression à petits pas saccadés de mort vivant. La queue de Jad-bal-ja fouettait le sol plus lourdement. Il secoua sa crinière et un nuage de poussière dansa autour de lui, tandis qu'un tremblement parcourait la masse de son corps, comme une vague à la surface de la peau. Puis il replia ses membres postérieurs et ramena son corps vers l'arrière comme on arme une catapulte, le dos arqué, la colonne vertébrale saillant sous le pelage, les deux pattes avant allongées devant lui, les griffes sorties enfoncées dans la terre sèche.

La cheffe soigneuse comprit que le Vieux avait atteint la limite de son espace vital.

LE DOIGT SUR LA DÉTENTE

Le vétérinaire déboula au pas de course, fusil en bandoulière, telle une allégorie de la médecine combattante sur une vieille affiche de propagande chinoise. Les deux adolescents le virent grimper sur le béton chauffé avec une facilité que lui permettaient ses nombreuses activités sportives. Le Blond fut tenté de filmer l'ascension du vétérinaire, mais l'idée de rater le caissier attaqué par le lion le fit maintenir le téléphone contre la vitre.

— Y vont l'abattre.

— L'endormir, corrigea le Brun.

Le Gitan s'écarta pour permettre au vétérinaire de s'accroupir contre le rebord de l'enceinte. Une fois calé, le vétérinaire dégagea la bandoulière du fusil et posa l'arme sur le mur. Le silence qui régnait à cet instant et l'immobilité des acteurs donnaient l'impression qu'ils partageaient, dans leur fixité, la crainte qu'un simple battement de paupières déclenche une catastrophe, le grain de poussière qui fit geler d'un coup les chevaux de Napoléon sur le lac Ladoga.

Le vétérinaire arma le fusil hypodermique, cala le canon sur le mur et colla son œil derrière la lunette. Il observa l'image circulaire de la cheffe soigneuse, du Vieux dans l'alignement et du lion. Le fauve se présentait presque de face, et seule la surface de la cuisse offrait une cible possible. Un tir de quarante mètres. Le vétérinaire releva la tête, essuya la sueur sur les ailes de son nez, lissa sa moustache, s'essuya le bout des doigts sur sa blouse de coton blanc, mit son index devant la détente, bloqua sa respiration, puis replaça son œil dans le cercle de métal de la lunette. Cinq secondes s'écoulèrent et il pressa la détente. L'arme, conçue pour ne pas effrayer les animaux, laissa entendre le bruit fuyant d'une bouteille d'eau gazeuse qu'on décapsule.

SYNCHRONICITÉ

Contrairement à la musique qui permet de développer plusieurs lignes mélodiques en même temps, le langage ne permet de raconter qu'une seule chose à la fois. Si bien qu'il faut se résoudre à évoquer l'un après l'autre les événements qui se produisirent, alors qu'ils se déroulèrent en fait en une parfaite synchronie.

Lorsque le vétérinaire pressa la détente de son GUT 50, le percuteur perça la cartouche de CO_2 qui propulsa la fléchette hypodermique avec son plumet jaune. La seringue effectua un vol tendu de quarante-trois mètres et alla se planter dans l'épaule gauche du guichetier qui s'écroula instantanément.

Il est rare qu'un sport ait une utilité réelle dans la vie quotidienne, mais le vétérinaire regretta à cet instant de ne pas avoir choisi le tir sportif plutôt que le tennis ou l'aviron.

À l'instant où le guichetier s'effondrait, Jad-bal-ja poussa un grognement exaspéré et se projeta en trois foulées d'une rapidité surprenante pour sa masse, son centre de gravité si bas qu'il semblait vouloir ramper, et lança sa large patte de poids lourd en guise d'avertissement dans un crochet du droit qui frôla la hanche du guichetier en train de s'effondrer, avant de revenir à sa position de départ, une figure de boxe classique d'attaque-repli, ramassé sur lui-même, les babines toujours retroussées, laissant sourdre de sa gorge le roulement continu d'un grognement profond.

La perspective et la distance aidant, les témoins virent quelque chose qui n'arriva pas et établirent un rapport de cause à effet qui n'avait pas lieu d'être.

Le lion venait d'abattre le guichetier, ça crevait les yeux.

La cheffe soigneuse passa lentement une main derrière son dos, tira la perche télescopique glissée dans sa ceinture, et l'agita devant elle comme un dompteur avec un tabouret, pour empêcher le fauve de se concentrer et de se focaliser sur un point d'attaque.

La perche toujours brandie, elle s'accroupit près du guichetier qui gisait face contre terre. Elle avait déjà vu dans la savane des carcasses de buffles, tués d'un coup de patte, la colonne brisée, mais le Vieux ne semblait pas blessé. Elle aperçut alors le plumet jaune sur l'épaule de la chemise et comprit que ce qu'elle avait pris pour une attaque n'était qu'un avertissement. Maintenant, la question qui se posait était de savoir si un homme pouvait supporter une dose de somnifère prévue pour une bête de trois cents kilos. Elle estima qu'il faudrait au vétérinaire moins d'une minute avant de recharger et de tirer une seconde fléchette.

Jad-bal-ja découvrit la présence de la cheffe soigneuse quand l'homme qui la dissimulait s'écroula. Il observait maintenant la femme fixement, avec sa baguette ridicule, le mufle froncé, sans la quitter des yeux. Un tic nerveux agitait ses babines et sa peau était parcourue de contractions.

C'est le moment que choisirent Elsa, Jayne et Goosha pour émerger de l'ombre du bâtiment. Elles apparurent dans la lumière, à lentes foulées paresseuses, clignant des yeux, leur robe de sable assortie à l'herbe sèche. Leur surprise était visible. Que venaient faire ces humains chez elles ? Elles semblaient perplexes et choisirent de ne pas s'éloigner de l'abri, peut-être pour profiter de l'air plus frais qui s'en échappait.

La cheffe soigneuse enregistra que les trois lionnes se contentaient pour l'instant de rester spectatrices. Après tout, si les femelles participaient à la chasse et faisaient des lions les seuls grands félins à coopérer pour se nourrir, c'était au mâle qu'il revenait de défendre le clan, le territoire, et de tuer. C'était le rôle de Jad-bal-ja. Toujours accroupie près du vieil homme, elle sentait la sueur lui rouler dans le cou. Elle aurait voulu se tourner vers le vétérinaire, mais craignait de perdre le contact avec les fauves. Me faire un enfant, quel con ! Qu'est-ce qu'il attendait pour tirer sa fléchette ? Elle continuait d'agiter sa perche en direction du lion et posa la main sur le dos du guichetier. Le Vieux respirait. Elle leva le pouce sans se retourner vers le mur d'enceinte.

Et maintenant ?

Jad-bal-ja avait averti l'homme, mais ne comprenait pas comment il avait pu s'écrouler alors qu'il ne l'avait pas touché. Et maintenant cette femme, à la limite de la distance qu'il était prêt à tolérer. Il déplia lentement ses membres et leva ses trois cents kilos de muscles, le poitrail enveloppé dans sa crinière noire, telle une de ces gravures du XIXe, légendées *Panthera leo, rex omnium animalium*. Une brève secousse secoua ses joues et découvrit des canines de huit centimètres capables de traverser l'épaule d'un zèbre.

Accroupie près du guichetier, la cheffe soigneuse vit Jad-bal-ja se dresser. Merde. Avec sa perche ridicule, le Vieux à terre et le fauve énorme qui les dominait, ils faisaient un tableau grotesque. La pensée qu'elle avait la corpulence d'une femelle impala faillit la faire rire. À force de serrer la perche, elle ne sentait plus ses doigts. Elle tenta de les remuer et vit le tube glisser dans sa paume moite tandis que ses doigts s'emmêlaient pour la rattraper et que la perche télescopique tombait au sol avec un petit bruit bon marché.

Derrière la baie vitrée, le Blond jura en secouant son téléphone.

CONSIDÉRATIONS ACOUSTIQUES

La capacité d'un son à se propager dans l'atmosphère tient à sa fréquence, à la résistance de l'air, au vent, à la température et au degré d'hygrométrie. Certains humains et certains animaux possèdent cette capacité innée ou apprise à projeter leur voix au loin, comme l'aigle, le loup, le vendeur ambulant aux escales des ferries sur le Bosphore ou l'Américain au restaurant. Mais ce qui fait que le rugissement d'un lion traverse l'air et semble en modifier la nature, au point de faire vibrer les feuilles des arbres ou trembler une toile de tente à des centaines de mètres de distance comme un tsunami d'ondes sonores, reste une énigme, du moins pour qui n'a pas entrepris de longues et techniques études d'acousticien. Jad-bal-ja lui-même ignorait l'étendue de cette capacité, n'ayant jamais eu jusque-là l'occasion d'en faire le plein usage.

Le rugissement dont la cheffe soigneuse vit l'origine béante, encadrée de quatre immenses canines, la frappa comme le souffle d'une bombe. Un train d'ondes compressées dont le martèlement lui traversa le corps, au point qu'elle se demanda si certains de ses organes n'avaient pas été endommagés.

Elle releva la tête, vit la masse hirsute du lion dressée devant elle et elle espéra que l'attaque serait suffisamment brutale pour être indolore.

ACTION – RÉACTIONS

Quand la fureur de Jad-bal-ja souffla sur le Parc, les quelques animaux auxquels la chaleur n'avait pas ôté la force de s'exprimer se turent et, à l'exception des serpents sourds, tout ce que l'établissement comptait d'hôtes s'arrêta à cet instant de marcher, de gratter, de mastiquer, de ronger, de chanter, de grimper, de caqueter, de ronfler, de parler, de rendre la monnaie, d'essuyer des tables ou de remettre de l'ordre dans le présentoir à cartes postales.

Passé ce moment de sidération générale, un déchaînement de glapissements, de jacassements, de cris et de sifflements peupla l'air, pour la plupart émis par les oiseaux dans de grands bruits d'ailes et par les singes.

Bruce le puma regarda le ciel et répondit par un feulement aigu et menaçant, presque un sifflement.

Tezca, le dieu jaguar, suspendit son va-et-vient, renifla l'air quelques secondes et essaya de comprendre. Là où il régnait, dans les forêts tropicales denses et humides, il n'y avait rien au-dessus du jaguar, pas même le caïman. À qui appartenait ce rugissement ? Comme aucune réponse ne se présenta, Tezca en oublia son étonnement et reprit le cours de ses allers et retours, enfermé à nouveau dans ses pensées détraquées.

Les girafes firent un écart, s'embrouillèrent et parurent sur le point de perdre l'équilibre comme des quilles frôlées par une boule, avant de se regrouper, de se frotter les unes aux autres puis de s'écarter en balançant le cou comme des cocotiers sous les alizés, leurs oreilles pivotant dans tous les sens.

Blottie dans la gueule de la gouttière, la musaraigne, qui avait pour habitude de ne négliger aucune alerte, bruit, signe, cri, souffle, odeur, variation de la lumière ou de la température, ne plaça pas le rugissement du lion dans la catégorie des dangers immédiats, bien que son rythme cardiaque, qui avait retrouvé sa vitesse de croisière, connût un bref emballement.

Roméo et Juliette changèrent d'appui sur leurs pattes mais restèrent aussi impassibles que des joueurs de poker.

La femelle gibbon se rapprocha de son compagnon, lui prit le bras, et ils attendirent en silence, enlacés comme deux amoureux sur un banc, qu'il se passe quelque chose ou qu'il ne se passe rien.

Sur l'esplanade, personne ne dit rien et sur le mur non plus, aucune parole, aucun cri.

Les employés de la boutique et du restaurant, qui avaient pour consigne de sécurité en cas d'événement "anormal" de rester à l'intérieur des bâtiments, se précipitèrent sur le parvis. Et comme aucune information ne leur était communiquée sur la nature de l'événement, ils en inventèrent, la nature humaine ayant horreur du vide : Jad-bal-ja avait tué un soigneur, un détraqué avait tué Jad-bal-ja, Jad-bal-ja avait franchi le mur d'enceinte, attaqué des visiteurs et se promenait maintenait dans le Parc comme le *T. rex* dans le film. Autant d'informations avérées de sources sûres que la technologie se hâta de répandre dans l'éther.

Des curieux, des voisins, curieux eux aussi, et quelques organes d'information à audience régionale convergèrent vers le Parc et les appels commencèrent d'affluer sur la ligne du directeur.

Appuyé contre son bureau, les bras le long du corps, le directeur était assis par terre. Du sang s'échappait de son nez et de l'écume de ses lèvres, le blanc de ses yeux était rouge et son corps secoué par des spasmes. Il fixait le téléphone qui sonnait en continu sur le parquet, mais ne l'entendait plus, pas plus que le taïpan du désert ne l'entendait, mais lui ne s'en portait pas plus mal.

DUEL AU SOLEIL

Tels les trois coups qui précèdent le lever de rideau, le rugissement de Jad-bal-ja annonça chez les babouins la mise en place d'un drame en tous points shakespearien. Dans le climat de nervosité et de tension que les luttes d'influence et de pouvoir au sein de la société alimentaient et que la chaleur caniculaire de cette interminable journée amplifiait, Darwin fut le premier à réagir. Il était le chef, et le groupe attendait de lui qu'il donne la position officielle sur l'événement et dicte la conduite à tenir. Il se mit debout, écarta les bras presque à l'horizontale, retroussa ses babines sur son museau de chien et commença de sauter sur place, ce qui était une façon de battre le rappel et de mobiliser le groupe. L'entraide constitue le principe directeur de l'action chez les babouins, et Darwin ne fut donc pas surpris de voir les mâles dominants se rapprocher instinctivement pour resserrer les liens du clan et affronter la situation nouvelle. Darwin apprécia cet instant. La troupe faisait corps. Il savait que les périls extérieurs renforçaient la légitimité du chef. Il savait ça depuis bien avant que les hommes de pouvoir le découvrent et utilisent ce ressort à leur profit.

Pourtant, quelque chose ne tournait pas rond. Il était clair que le danger se situait en dehors de la fosse mais Djeke, Chico, Groucho et Harpo continuaient de gesticuler, comme des acteurs surjouant l'excitation. Il réalisa tout à coup qu'ils avaient profité de la confusion pour se regrouper et qu'ils l'encerclaient dangereusement, tout comme César l'avait été par Marcus Junius Brutus, Caius Cassius Longinus et quelques autres.

Sous l'effet de l'adrénaline, sa pression artérielle augmenta et ses bronches se dilatèrent. Toutes les qualités qui faisaient de lui un mâle alpha se mirent instantanément en route. Ses glandes surrénales sécrétèrent un surplus de testostérone qui décupla son ardeur et distilla ses précieux glucocorticoïdes. Darwin gonfla la poitrine et électrisa sa fourrure pour doubler de volume. Les babines relevées jusqu'à la moitié du museau, il présenta à ses rivaux un écorché de mâchoires armées de dents carnassières. Il toisa le cercle des mâles et ce n'est qu'alors qu'il repéra Djeke, son concurrent le plus dangereux, resté en retrait. Il y vit la confirmation qu'il était le stratège de la manœuvre et manipulait les trois autres. Il les avait envoyés en première ligne pour le fatiguer et le tester. Le fair-play chez les babouins veut qu'on ne tombe pas à quatre sur un même individu, contrairement à ce qui peut arriver avec d'autres hominidés, à la sortie d'un bar ou d'un meeting politique, et Darwin se dirigea droit vers Djeke. Mieux valait défier le plus fort des comploteurs plutôt que de s'épuiser en combats préliminaires.

Il avança en aboyant vers son adversaire, musculeux, poitrail en avant, mâchoires claquantes. Djeke, la gueule ouverte lui aussi sur une double paire de canines, à peine plus petites que celles du chef mais plus blanches et plus aiguisées, ses petits yeux ronds et rapprochés pleins de frustrations tapis sous la barre de ses arcades sourcilières, agita les bras et cria de toute sa hauteur à la face du chef, sa crinière tournoyant autour de lui et floutant la masse de son corps dans un tourbillon vert-de-gris. Les deux mâles se jetèrent l'un sur l'autre mais s'évitèrent au dernier moment. Darwin et Djeke esquissèrent ensuite des attaques, se menacèrent et gesticulèrent. Chico, Groucho et Harpo encourageaient Djeke, assis en demi-cercle avec l'intention évidente de couper toute retraite au chef. Le reste de la communauté suivait l'évolution de la situation comme au spectacle, conscient de la hauteur de l'enjeu. Quelques mâles arpentaient lentement l'espace à quatre pattes, sans quitter la scène des yeux. Les familles s'étaient installées en périphérie, sur les corniches, avec les petits dont elles essayaient de calmer les glapissements.

Darwin enregistra qu'aucune des femelles ne protestait contre l'agression dont il s'estimait victime. Personne ne venait à son secours, pas même Charlie. Qu'avait-il pu faire pour la décevoir ? Quant à Wenga, elle était bien trop âgée maintenant. Pourtant, il avait été bon avec les femelles, il avait joué avec leurs petits. Peut-être lui en voulaient-elles encore de cette histoire d'enfant qu'il avait pris comme bouclier, pour éviter de se battre. C'était une erreur. Les femelles n'étaient pas aussi soumises qu'on pouvait le croire. Deux jours plus tôt, il avait vu une des concubines de Chico faire semblant de jouer avec une branchette, s'éloigner, passer derrière un rocher et, ses parties génitales masquées comme derrière un paravent, se laisser entreprendre par un jeune soupirant qui s'activait derrière elle, comme dans n'importe quelle pièce de boulevard.

Darwin n'avait rien dit, ce n'était pas son affaire.

Une fois terminée la phase des menaces et des intimidations, les choses sérieuses commencèrent. Darwin fut le premier à mordre. Mais la fourrure de Djeke absorba la morsure qui lui égratigna seulement l'épaule. Djeke se dégagea en effectuant un tour sur lui-même et lança un coup de talon dans les côtes de Darwin, qui roula sur le côté. Ils se ruèrent ensuite l'un contre l'autre et chacun chercha dans une pluie de coups à lacérer le visage de son adversaire avec ses ongles longs comme des griffes de chien. Et dans cet échange furieux qu'un œil humain aurait eu du mal à suivre, Djeke lança le bras et entailla le museau de Darwin.

Les deux mâles ayant fait l'expérience du premier sang, ils reprirent leurs distances et se tournèrent autour pour une nouvelle phase d'observation. Puis Darwin feignit une attaque et Djeke s'échappa sur une corniche. Les deux babouins se lancèrent alors dans une course-poursuite enragée, sautèrent de rocher en rocher, bondirent, se pourchassèrent dans les cordages et sur les poutres. Et tandis que les masses de poils gonflées des deux adversaires bondissaient dans l'espace et que les gueules armées de crocs fulgurants rayaient l'air qu'ils saturaient de grognements et d'aboiements furieux, la communauté y allait de ses commentaires, appuyant chaque action de cris et de gesticulations.

Conscient qu'il lui faudrait gérer la durée, Darwin ralentit le rythme de ses sauts, la vitesse de ses poursuites et de ses retournements. Il se mit à prendre des postures menaçantes, dressé sur ses deux jambes, son large poitrail bombé, les bras écartés.

Djeke comprit que Darwin cherchait à s'économiser et à récupérer. L'accès privilégié aux femelles et à la nourriture le maintenait en meilleure forme, mais il était plus âgé et il se trouverait un moment où sa jeunesse à lui ferait la différence. Darwin avait pris le pouvoir quatre ans plus tôt, à l'âge où Djeke y prétendait aujourd'hui. C'était un long règne. Il était temps qu'il s'achève. À l'instant où Darwin se remit à quatre pattes, d'une seule détente, bras et jambes étirés, Djeke sauta par-dessus son adversaire et, tel un chat, opéra un retournement en l'air, retomba sur le dos de Darwin, s'y cramponna et le mordit derrière l'oreille. C'était une manœuvre inédite et les spectateurs dans la fosse l'apprécièrent comme telle. Djeke était courageux et se révélait habile. Darwin frappa l'air de ses bras, se secoua dans tous les sens et parvint finalement à se débarrasser de son adversaire qui roula sur le sol pour se relever presque aussitôt. Les deux singes, essoufflés, se faisaient face à nouveau, appuyés sur leurs antérieurs. Mais les autres avaient tout vu. La manœuvre de Djeke était aussi décisive qu'un ippon au judo. La morsure était sans gravité mais spectaculaire. L'oreille de Darwin était déchirée et le sang qui rougissait le museau de Djeke attestait qu'il s'agissait d'une zone particulièrement bien irriguée. Le combat était terminé. Les babouins n'ont pas besoin de se battre à mort pour admettre leur défaite et Darwin reconnut la victoire de Djeke. C'était lui le plus fort, il n'y avait rien à dire. Tandis qu'il reprenait son souffle, le poil brillant de sueur, il vit Djeke lui tourner le dos, se diriger vers le rocher de ciment en grognant doucement, grimper dessus et contempler le royaume dont il était le nouveau maître. Darwin toucha l'entaille à la base de l'oreille et regarda le sang sur ses doigts. Il fut tenté d'aller récupérer sa position sur le rocher, mais l'envie lui passa presque aussitôt. Il n'y avait jamais ni revanche ni deuxième chance dans ce type de confrontation. Le vaincu ne cherchait pas à se venger ni à prétendre que le combat était truqué, c'était la règle et chacun s'y conformait. Du haut du rocher de la domination, Djeke vocalisa alors quelque chose avec les cinq voyelles que son larynx était capable de former, une curieuse modulation plaintive. Plusieurs mâles se mirent à courir dans la fosse, à attraper les cordes, à sauter sur les accidents de ciment, comme une fête spontanée autour d'un nouveau roi. Djeke se mit alors debout sur le rocher, sauta sur place les bras au ciel et mordit l'air pour saluer l'avènement de lui-même et d'une nouvelle gouvernance.

LE PLAN

Jack travaillait la tête en bas, à trente mètres du sol, accroché au grillage qu'il serrait fermement grâce aux pinces de ses doigts opposables deux à deux. Il tenait dans son bec un écrou qu'il tentait de dévisser, mais bien qu'il saisît sa prise aussi solidement qu'une clé anglaise, l'écrou ne tournait pas et Jack n'avait réussi jusqu'à présent qu'à en rayer les angles d'acier. Le grand ara possédait le bec le plus puissant de la compagnie des perroquets, un bec dur dont la kératine se renouvelait perpétuellement, capable de casser les coquilles les plus dures et de trancher presque n'importe quoi, une branche, une corde, un doigt, et de travailler avec la précision d'un scalpel. Mais l'écrou résistait. Il arriva à la conclusion qu'il n'y arriverait pas comme ça, il fallait essayer autre chose. Jack lâcha le grillage et se laissa tomber jusqu'à ce que le poids de son corps, retenu par le bec toujours serré autour de la pièce de métal, imprime un mouvement de balancier et le transmette à l'écrou. Jack sentit que la pièce avait bougé. Il se replaça au-dessus de l'écrou accroché par les pattes, serra son bec autour de la pièce et se laissa chuter à nouveau. Cette fois, il sentit l'écrou qui tournait autour de la tige. Il lâcha sa prise, ouvrit ses grandes ailes bleues et jaunes et partit pour un tour d'honneur de la volière dans un vol circulaire flamboyant suivi par sa longue queue rouge, effilée comme une oriflamme.

La communauté des perroquets gris d'Afrique avait adhéré à ce qui était tout simplement un projet d'évasion dont Jack avait eu l'idée. Les scientifiques avaient amplement démontré l'étendue de leurs capacités, comme se reconnaître dans un miroir, penser logiquement, interpréter les sentiments humains. Les perroquets gris savaient aussi faire preuve d'empathie. Si l'un des leurs était empêché de s'alimenter, la communauté lui venait en aide en lui fournissant de la nourriture ou des outils, et sans contrepartie, contrairement à ce qui se pratique dans la mafia où un service oblige. Avec un cerveau pas plus gros qu'une noix sans la coquille mais doté d'une densité neuronale exceptionnelle, les ressources intellectuelles du perroquet gris d'Afrique, comme sa faculté de mémorisation ou son aptitude à se projeter dans l'avenir, surpassent de loin celles de nombreux primates au cerveau plus volumineux. Habitués à collaborer, ils sont capables de se motiver pour mener à bien un projet commun, pour peu qu'il soit attrayant.

Le plan était simple. Il exigeait patience et persévérance, mais les perroquets sont des animaux obstinés. Après un premier travail de repérage consistant à identifier les écrous les moins difficiles à desserrer, des écrous neufs, pas encore peints ni encrassés ni grippés par la rouille, et à évaluer ceux qui étaient alignés en nombre suffisant pour espérer pouvoir soulever un coin d'une des plaques grillagées, ils s'étaient attelés au dévissage. Le grand ara, qui avait conçu le plan, se chargerait du plus dur, desserrer les écrous. Les gris, plus petits et plus agiles, finiraient le travail de dévissage. Quatre écrous avaient déjà été enlevés. Deux, qui s'avéraient pourtant faciles, s'étaient révélés impossibles et les avaient contraints à s'attaquer à une plaque voisine en préservant le maximum d'écrous déjà dévissés, un exercice de géométrie dans l'espace assez basique pour des perroquets, dont on sait que le concept de zéro mathématique leur est accessible. Ce qui, au passage, en ferait au regard de leur généalogie les devanciers, de quelques millions d'années, des Babyloniens et des Mayas. Pour l'instant, le plan se déroulait sans accrocs. Plus que trois boulons, et si aucun ne résistait, ils pourraient désolidariser deux côtés d'une plaque de grillage et à nous la liberté. Quand aucun soigneur ni visiteur n'étaient en vue, les perroquets se relayaient. Ceux qui ne travaillaient pas faisaient le guet, prêts à donner l'alerte.

Jack acheva son tour d'honneur. Un perroquet gris s'envola vers le grillage, tandis qu'un autre s'échauffait sur le banc de touche, prêt à prendre le relais quand le premier se lasserait. Le perroquet gris voleta autour du boulon, s'agrippa au grillage et, à force de contorsions, ouvrant son bec au maximum, commença à dévisser l'écrou à coups d'impulsions modestes, son bec étant bien plus petit que celui du grand ara. Après avoir fait tourner l'écrou d'un quart de tour le long de la tige, un autre perroquet prit la suite. Cinq perroquets gris se relayèrent ainsi, et un sixième acheva la tâche. Il tenait la pièce de métal dans son bec et s'apprêtait à la laisser tomber à la verticale dans un massif de fougères quand retentit le rugissement de Jad-bal-ja. L'oiseau tourna la tête si vivement que l'écrou lui échappa et, au terme d'une trajectoire parabolique, atterrit dans l'allée des visiteurs. S'il n'avait été aussi perturbé, sans doute le perroquet aurait-il prêté attention à l'endroit où tombait l'écrou. Imaginant sans peine les conséquences de la découverte de l'objet par un employé du Parc, sans doute aurait-il eu alors l'idée d'aller le récupérer et de le dissimuler. Mais le temps de comprendre que les habitants de la volière ne couraient aucun danger, le perroquet ne pensa plus à l'écrou, ce qui nourrit la pensée populaire qui veut que le destin punisse ceux qui cherchent à s'extraire de leur condition.

Quand la colère de Jad-bal-ja eut fini de résonner, Emma se hissa vers le haut de sa cage, approcha les longs cils de ses petits yeux en amande au plus près du grillage et tenta d'apercevoir l'origine du rugissement. Ce n'était pas le feulement d'un tigre, dont elle était la seule à savoir si elle l'avait déjà entendu dans son enfance sauvage, mais le rugissement l'inquiéta. Elle ne vit que la cime des arbres, le ciel et un coin du zeppelin. Puis elle écouta le duel de Darwin et Djeke, et les grognements et les aboiements des babouins lui rappelèrent les deux bull-terriers de la femme de Jakarta, avec leurs petits yeux et leur grande mâchoire, ainsi que le caniche d'un client qui poussait d'insupportables jappements. Elle aurait pu le faire taire en le serrant d'une seule main. Emma n'aimait pas les chiens, elle s'en méfiait. Accrochée au grillage, elle se laissa pendre d'une main le long de son long bras roux, comme un jambon. Elle se gratta le menton, l'air pensif, et se mit à osciller lentement, balançant sans effort ses courtes jambes d'avant en arrière, pour finalement saisir une corde, puis une autre, en laissant le poids de son corps opérer le transfert d'énergie nécessaire au déplacement, ce qui dénotait chez elle une certaine nervosité.

Quand le calme revint, elle redescendit au sol, poussa un cube de plastique jaune contre un mur, s'assit dessus, soupira et passa sa grande main dans ses cheveux roux pour remettre de l'ordre dans sa frange.

BLACK-OUT

Durant la pincée de secondes qui succéda à ce qui n'était plus un avertissement mais les prémices d'une attaque, encore pantelante du souffle qui l'avait traversée, la cheffe soigneuse eut la conscience nette et consolatrice qu'elle ne mourrait ni d'un accident de voiture ni d'une chute dans l'escalier. À quarante-huit ans, elle avait déjà dépassé l'espérance de vie d'une Massaï, d'une Sukuma ou d'une Makonde. Elle mourrait plus âgée que l'immense majorité des quatre-vingts milliards d'individus qui l'avaient précédée depuis la préhistoire. Elle était une poussière chanceuse. Elle eut encore le temps de se demander si sa mort serait jugée ridicule ou héroïque quand Jad-bal-ja chargea, nez froncé et gueule grande ouverte.

Elle eut à peine le temps de le voir grossir et remplir son champ de vision que la patte du lion de l'Atlas décrivit un arc de cercle dans l'air chaud pour s'abattre sur son épaule comme si un camion la percutait, et tandis que le noir envahissait son esprit – pas un trou noir ni un écran noir, juste le noir comme une lumière qui s'éteint à l'intérieur –, elle bascula dans un endroit où plus rien n'existait sinon la conscience qu'elle avait d'être un amas de cellules effrayées par l'idée de leur fin.

La soigneuse fut catapultée à plusieurs mètres. Surpris de sa propre force et de la fragilité de la femme que rien ne semblait relier au sol, Jad-bal-ja découvrit, malgré l'étrange autorité dont faisaient preuve les humains qui s'occupaient de lui, la légèreté de l'espèce et son peu de consistance.

LA LONGUE ROUTE

À l'ouest, le ciel se nuançait de rose et une chaleur molle pesait sur le Parc et sur la ville. Le lion, debout, et les trois lionnes assises, déployées en éventail dans une immobilité de porte-parapluies pour lodge africain, considéraient les deux humains qui gisaient dans la fosse. Jad-bal-ja avait rugi et mis la femme à terre. Il avait fait ce qu'il avait à faire et tout le monde alentour en avait pris bonne note. Plus rien ne le menaçait et comme il n'avait ni faim ni l'habitude de manger des animaux entiers, les deux humains ne présentaient plus aucune espèce d'intérêt. Le lion de l'Atlas, de Nubie et de Barbarie secoua sa crinière noire, sembla hésiter, puis tourna le dos à la soigneuse et au guichetier. Il demeura quelques secondes face aux lionnes, immobile, et urina. Tout était rentré dans l'ordre.

Contrairement au chien, qui urine en biais en levant la patte, ou à l'âne ou au taureau qui se soulagent entre leurs pattes, le lion urine vers l'arrière comme la vache. Le jet d'urine éclaboussa le Vieux qui gémit faiblement.

À quelques mètres, la cheffe soigneuse ouvrit les yeux. Elle avait une joue contre terre et regardait devant elle comme si le monde avait basculé. Elle découvrit le guichetier étendu, et le souvenir immédiat de tout ce qui avait précédé lui revint. Le Vieux ne bougeait pas.

Elle n'avait pas mal. L'adrénaline devait masquer la douleur, mais son effet se dissiperait. Toujours sur le flanc, elle bascula la tête en arrière et découvrit le lion de Barbarie qui lui tournait le dos, face aux lionnes, en attente, peut-être, d'un compliment ou d'un signe de reconnaissance.

Sur le mur d'enceinte, le vétérinaire rechargea le fusil sans un mot, puis passa un index sur sa moustache. L'équation était simple. Plus qu'une fléchette. Rater encore une fois ? À cette simple idée, ses doigts se mirent à trembler et la crainte d'un désastre s'immisça en lui. À cheval sur le haut du mur, le Gitan accepta l'arme qu'il lui tendait. Le Gitan n'avait aucune prétention de tireur mais se souvenait d'une jeunesse où il n'était pas le plus mauvais pour casser les pipes dans les stands de foire. Il enroula la bretelle du fusil autour de son avant-bras, fit rouler son épaule pour accueillir la crosse, plaça son œil contre la lunette et posa son index sur la détente. Les deux doigts manquants faisaient de la place aux autres.

Jad-bal-ja se présentait de dos dans la lunette, sa croupe dans la ligne de mire du Gitan. Le soigneur bloqua sa respiration, trois secondes, puis pressa la détente au moment où Jad-bal-ja avançait vers les lionnes. La fléchette hypodermique ricocha sur la hanche du lion en mouvement comme une boulette de papier tirée par une sarbacane et atterrit dans l'herbe. Merde, maugréa le Gitan à haute voix. Jad-bal-ja fouetta de sa queue l'endroit où la fléchette l'avait touché comme s'il chassait un taon et continua sa marche lente et chaloupée vers Elsa, Jayne et Goosha.

La cheffe soigneuse vit la deuxième seringue tomber devant elle. *De mieux en mieux.* Tout lui disait de faire la morte et d'attendre que les soigneurs fassent rentrer les fauves ou que le véto tire son stock de fléchettes, il y en aurait bien une qui atteindrait sa cible. Mais rien ne disait que le Vieux pourrait tenir jusque-là.

Elle vit les lionnes entourer le lion et le remercier par des grognements et des frottements d'avoir si bien défendu la biozone. Elle essaya de bouger, se redressa lentement et parvint à se mettre à genoux. Elle avait l'impression d'être tombée d'un huitième étage. Elle ne sentait plus son flanc gauche et une douleur électrique lui parcourait le bras et l'épaule. Elle déplia lentement ses jambes. Son bras pendait le long du corps, sa manche de chemise était déchirée et collée par le sang. Son épaule était en miettes et elle avait du mal à gonfler pleinement ses poumons. Elle resta un instant debout, en essayant de se maintenir en équilibre. Sa vision alternait les moments flous et nets. Elle n'avait plus sa casquette.

Accaparé par les caresses et les coups de langues de ses groupies, Jad-bal-ja ne prêtait pas plus attention à la cheffe soigneuse que les lionnes qui l'entouraient.

Elle glissait sur le sol en progressant de quelques dizaines centimètres à chaque pas et parvint près du guichetier. Elle n'aurait pas la force de le porter, mais peut-être réussirait-elle à traîner le Vieux vers l'enceinte. La vie d'un homme contre celle d'un yak ? Est-ce que ça rétablissait l'équilibre ? Parce que pour le reste, aucun rachat n'était possible. Elle revit le visage de sa jeune sœur et chassa son image comme elle savait le faire, en se concentrant sur l'action du moment. Elle avait mal maintenant, mais elle se pencha sur le Vieux, qui respirait toujours. Il sentait la pisse de lion, pourquoi est-ce qu'il sentait, elle abandonna cette pensée, elle ne présentait pas d'intérêt pour l'instant. Elle saisit le poignet de l'homme, un poignet maigre du diamètre de l'os, et tira dessus en espérant que le bras ne lui reste pas dans la main, mais le bras resta attaché et le corps suivit. Elle le trouva léger et entreprit de le remorquer à reculons pour garder un œil sur les fauves. Elle sentait l'odeur de Jad-bal-ja sur le vieil homme. Les rangers prétendaient que l'urine du lion possédait de remarquables propriétés antiseptiques. C'était déjà ça.

— Je descends, dit le Gitan.

— Pas question, dit le vétérinaire en redécouvrant l'autorité que lui conférait son statut, on a assez d'ennuis comme ça.

Le Gitan haussa les épaules, prit sa radio et demanda une échelle de corde et une corde simple, et il ajouta, *demande prioritaire*, consigne dont Tic et Tac n'avaient jamais entendu parler dans une quelconque procédure mais les deux agents de maintenance comprirent qu'il valait mieux ne pas traîner.

Tel un automate, la cheffe soigneuse continuait de traîner le guichetier par le poignet vers la paroi de ciment et luttait pour ne pas s'évanouir. Elle n'aurait pas la force de l'escalader, encore moins de porter le Vieux, mais elle espérait que d'en haut, le Gitan et le vétérinaire pourraient les aider. Si Jad-bal-ja y consentait.

UN TIENS VAUT MIEUX

Bruce avait un peu traîné autour de la gouttière, reniflé l'entrée du nouvel abri de la musaraigne puis s'était éloigné. Elle avait attendu et attendu encore, parce qu'on n'a rien trouvé de mieux que la prudence pour vivre longtemps. Maintenant, elle avait faim. En fait, elle avait tout le temps faim, mais après la dépense d'énergie qu'elle venait de fournir pour sauver sa peau, elle avait vraiment vraiment faim et le bout de chenille qu'elle avait ingéré était déjà bien loin. La gouttière était un endroit sûr, mais la pente en zinc, lavée par l'orage de la veille et sur laquelle ses griffes ripaient, n'offrait pas une miette, pas un poisson d'argent, pas un cloporte, aucun moucheron mort, rien. Le ciel rosissait et à cette heure des tas de petits insectes avaient l'habitude de sortir. Et puis, logiquement, il devait rester une moitié de chenille accrochée à la branche. Elle avança sa mini-trompe à l'extérieur de la gouttière, flaira l'air du dehors, sortit la tête et écouta. Elle inspecta les alentours, à gauche, à droite et devant, les oreilles pivotantes, les vibrisses frémissantes, tous ses systèmes de détection en alerte. Puis elle se mit en mouvement, pas à pas, dans l'entassement de feuilles mortes qui convergeaient vers la gouttière et commença par explorer la zone. Quand elle se sentit en confiance, c'est-à-dire un peu moins méfiante, elle obliqua vers un petit tas de branchettes et de feuilles sèches sous lesquelles il devait y avoir des choses intéressantes, comme des vers, des scolopendres, des mille-pattes, peut-être même des criquets avec un peu de chance. Elle passa près d'un morceau d'écorce arraché auquel restaient accrochés l'odeur et quelques poils beiges du puma. Rien n'indiquait la présence du félin à proximité et elle avait toujours aussi faim, voire un peu plus. Le petit tas de branchettes qui paraissait prometteur s'avéra décevant. Elle revint sur ses pas et inspecta les environs de la gouttière. Elle perçut alors sous les feuilles un frémissement, un chuintement infime, comme un liquide qui s'écoulait sous la surface des feuilles. Quel insecte pouvait bien laisser un tel signal ? Un ver peut-être, mais un gros. La musaraigne s'apprêtait à plonger dans la couche végétale pour se faire une idée plus précise quand une des feuilles devant elle se souleva lentement. La tête carénée de la vipère heurtante aux larges mâchoires apparut, ses iris dorés d'une immobilité minérale braqués sur elle.

La musaraigne avait affronté bien des dangers, mais face au serpent le plus rapide du monde, aucun bookmaker n'aurait parié sur ses chances de survie. Son odeur, qui mobilisait un grand nombre de glandes différentes pour décourager les prédateurs, n'était d'aucun secours contre les serpents. Le reptile émergea des feuilles et redressa son long corps massif imprimé de chevrons ambrés, l'or de son regard fendu toujours aimanté sur le minuscule mammifère. Le cœur de la musaraigne s'emballa, passa de vingt pulsations par seconde à vingt-cinq pulsations, puis trente, trente-cinq, quarante, et tout son corps se mit à trembler. Elle se trouvait dans la situation proprement paralysante où plus aucun de ses détecteurs ne fonctionnait, prisonnière d'une pensée blanche et d'une douleur intense dans la poitrine, le cerveau bloqué, ligotée par le regard du serpent aussi sûrement que s'il l'avait déjà avalée.

ASCENSION

— Bonjour, monsieur, vous savez ce qui s'passe ?

Le Gitan baissa les yeux et découvrit, sur l'esplanade du belvédère, les trois visiteurs avec leurs bâtons. Un trio de vieux acteurs, c'est l'impression que lui firent les deux hommes avec leurs pantalons trop longs, à carreaux pour le petit, en lin pour celui avec les lunettes Aviator, et la femme avec son chapeau de paille.

— Ils sont passés comment ? demanda le vétérinaire. Et les barrières ?

Le Gitan haussa les épaules et reporta son regard vers la fosse.

— Aucune idée. Maintenant ils sont là.

Sur l'esplanade, Sancho sortit un mouchoir de son pantalon à carreaux et l'étala sur son crâne rose tyrien.

— Oui, qu'est-ce qui s'passe ?

— C'est le lion qu'a tué le type de la caisse, dit le Blond.

— Mais c'est affreux ! s'exclama Dulcinée.

— Et il a amoché la dresseuse, dit le Brun.

— Elle est toute pleine de sang, dit le Blond dont la voix dérapa sur la fin.

— Mon Dieu, dit Dulcinée en mettant ses longs doigts devant sa bouche.

— Pas sûr qu'il puisse faire grand-chose, dit le Quichotte en remontant ses lunettes Aviator sur son nez.

Le vétérinaire claqua des doigts pour attirer l'attention du groupe et mit un index devant sa bouche. Le trio rejoignit les deux garçons devant l'écran de verre.

Un chuintement remonta l'allée et la tractopelle de Tic et Tac déboucha sur l'esplanade, dérapa dans un couinement de caoutchouc et manqua de se retourner sur le groupe de visiteurs. L'agent moustachu était au volant, une échelle de corde roulée sur les genoux, flanqué de son collègue, un rouleau de corde en travers du torse. Ils sautèrent du véhicule et le Gitan leur fit signe d'envoyer le matériel. Le moustachu se plaça dos à la paroi, les mains en cuillère au niveau du ventre, puis indiqua qu'il était prêt. Son partenaire prit trois pas d'élan, posa un pied dans les mains en coupe et se hissa sur les épaules du moustachu. Le Gitan, que le vétérinaire retenait par la ceinture, récupéra la corde et l'échelle. Il prit le fusil hypodermique qu'il glissa en travers du premier barreau de l'échelle de corde et le coinça sous un dévers de la paroi. Puis il bascula l'échelle par-dessus le mur. Le vétérinaire s'abstint de faire remarquer qu'après ça, la lunette du fusil serait foutue et le canon faussé. Le Gitan enroula la corde autour de son avant-bras, la fit passer derrière le cou, la récupéra de l'autre main et la laissa filer dans la fosse.

La cheffe soigneuse ne sentait plus ni son bras blessé, ni ses jambes, ni la transpiration qui imprégnait ses vêtements et l'entravait comme si elle nageait tout habillée, ni l'acidité poisseuse sur sa peau, ni la terre et les herbes sur son visage. Son cerveau donnait des ordres dont elle n'était pas certaine, en l'absence de sensations, que ses muscles les exécutaient. À travers la sueur qui lui coulait dans les yeux, elle percevait la masse tremblante des fauves dont elle s'éloignait peu à peu, maintenant elle en était sûre, elle s'en éloignait. Elle continua de tirer le vieil homme, les doigts serrés sur son poignet comme s'il ne faisait plus qu'un avec elle, comme un organisme hybride dont une partie serait morte ou endommagée. Elle y était presque.

Lorsqu'elle arriva au pied du mur, au terme d'un chemin d'herbes aplaties par la carcasse du guichetier telle la trace d'un escargot géant, elle se demanda si elle ne traînait pas un cadavre, comme ces guenons qui promènent le corps de leur enfant mort pendant des jours avant d'en faire le deuil. Elle lâcha le bras du guichetier, s'essuya les yeux de son avant-bras et découvrit les silhouettes floues du Gitan et du vétérinaire penchées par-dessus le mur. Le Gitan dit quelque chose qu'elle ne parvint pas à comprendre et la silhouette du vétérinaire hocha la tête et leva peut-être le pouce.

Jad-bal-ja et ses compagnes continuaient de se tourner autour, de se renifler et de se lécher sans prêter attention aux deux humains.

Et maintenant ?

L'apparition d'une échelle de corde qui se déroula jusqu'à ses pieds et de la corde simple qui suivit répondit à l'interrogation de la soigneuse.

— Manque plus que le tapis volant, dit-elle, sans être sûre que ces mots avaient franchi ses lèvres.

Elle aurait préféré s'asseoir et se reposer, mais elle tira le guichetier pour l'adosser contre la paroi. Il respirait toujours. Elle passa la corde sous les bras du vieillard, et l'étroitesse de sa cage thoracique l'étonna. D'une main, elle fit un double nœud simple et s'assit contre la paroi à côté du guichetier pour reprendre son souffle et surveiller les fauves. Jad-bal-ja avait maintenant roulé sur le dos et se laissait caresser par les mufles des lionnes. Une fatigue soudaine s'empara d'elle, s'abattit sur ses muscles, sur ses paupières, sur sa volonté même. Elle avait envie de dormir. Elle savait aussi que c'était la dernière chose à faire.

La corde se tendit et le nœud se resserra autour de la poitrine du guichetier. Le guichetier sentit qu'il s'élevait, aspiré par le ciel, comme dans un tableau du Greco. Sa tête bascula en arrière et il entrouvrit les yeux dans son sommeil. Dans la lumière qui l'aveuglait, l'empreinte des deux silhouettes aux contours brûlés, sur le haut du mur, atteignit son cerveau et il les reconnut, Jésus avec ses longs cheveux qui tombaient vers lui et un archange dans une robe blanche. Porté par sa transe, il s'abandonna à sa montée vers l'empyrée. Maintenant, il se rappelait. Il revenait du désert où vivaient les bêtes fauves, et les bêtes fauves l'avaient épargné. Quelque chose d'extraordinaire s'était produit. Et comme tout miracle, sa nature était inexplicable. Il revoyait le lion et maintenant le ciel et Jésus et il s'abandonna à la béatitude de la délivrance dans une dimension qui lui fermait les portes de son environnement physique.

La cheffe soigneuse se releva en prenant appui contre le mur et regarda le Vieux s'élever vers le sommet, hissé par le Gitan comme une relique qu'on remonte des océans.

L'auriculaire, qui semble ne servir à rien d'autre qu'à se curer les oreilles, est le véritable verrou de toute prise solide, et l'annulaire l'assiste dans sa tâche. L'absence de ces deux doigts pour saisir la corde compliquait le travail du Gitan, qui exigeait non seulement de l'assurance mais aussi de la précision. La corde avait tendance à tourner sur elle-même, accompagnée d'un mouvement pendulaire qu'il fallait anticiper et neutraliser pour éviter que le Vieux se fracasse le crâne contre la paroi, se casse le nez ou s'écorche le visage. Pendant qu'il remontait le corps, centimètre après centimètre, le Gitan remercia le lion d'avoir épargné le Vieux. Depuis qu'il était monté sur le mur, il n'avait cessé de lui parler intérieurement, comme une tentative de télépathie. C'est bien, disait-il, sans bouger les lèvres, tu es le king, c'est toi le plus grand, un lion de l'Atlas, un seigneur, rien à prouver, tu es le maître, épargne-les, épargne ces humains, ce ne sont pas tes ennemis, ils ne te veulent pas de mal, tu as compris qu'ils ne peuvent pas, ils ne veulent rien de toi, épargne-les, va retrouver Elsa et les autres, va, laisse-les, ils ne comptent pas.

Le vétérinaire, quant à lui, ne disait rien et tandis qu'il surveillait avec inquiétude l'ascension du Vieux, une question remonta à sa conscience comme une bulle échappée de la vase. Supposons que le Vieux décède, supposons. Pouvait-on l'accuser d'avoir manqué le lion et tiré sur le Vieux ? Est-ce qu'on pouvait l'accuser de lui avoir tiré dessus ? Il lissa sa moustache par deux fois et pensa au procès d'Alec Baldwin. Puis il reporta son attention sur la fosse. Il se renseignerait. Il possédait dans ses relations un avocat, membre du même club d'aviron, dont il avait soigné un mastiff du Tibet, un molossoïde apprécié des riches Chinois.

Est-ce qu'elle aurait la force de gravir l'échelle ? Elle n'en savait rien. Elle avait réussi à traîner le Vieux. Elle ne sentait plus son côté gauche ni son bras qui pendait, la jambe fonctionnait mais douloureusement. Elle posa le pied sur le premier échelon et de sa main valide saisit celui qui se trouvait au-dessus de sa tête. Elle se hissa au niveau du barreau, le bloqua sous son menton et tendit le bras pour attraper le suivant. La douleur s'était réveillée dans la poitrine et toute la moitié du corps. Sa main était moite et glissait autour du barreau de bois. Combien de fois devrait-elle répéter l'opération ?

Le Gitan se pencha dans le vide, attrapa le vieillard, le hissa et l'installa en travers du mur comme s'il chargeait un mulet. Le vétérinaire posa la main sur le dos du guichetier et constata qu'il respirait. Il sortit son téléphone et composa le dernier numéro appelé. Trois sonneries plus tard, il déclina son identité et son code professionnel et résuma, un employé du Parc, soixante-dix ans, soixante kilos, risque de dépression respiratoire mortelle après injection de vingt millilitres d'étorphine.

— Ça a à voir avec le yak ? demanda la voix de l'autre côté.

— Rien à voir avec le yak.

Il répéta :

— Vingt millilitres d'étorphine, deux fois dix.

— Il s'en passe des trucs chez vous, on dirait ! lança la voix.

— Ça va, dit le vétérinaire excédé, sauvez-nous le bonhomme, c'est tout ce que je demande.

Il raccrocha puis aida le Gitan à basculer le vieil homme et à le descendre sur l'esplanade sous l'œil des garçons, du trio de seniors et des agents d'entretien qui le réceptionnèrent et l'installèrent dans la benne de la tractopelle. Le moustachu ôta sa chemisette marron et la glissa sous la tête du vieil homme.

Puis Tic et Tac montèrent dans la tractopelle et démarrèrent, gyrophare activé, avec le guichetier dans la benne et le regret que le véhicule ne soit pas équipé d'une sirène complémentaire.

Le vétérinaire regarda l'engin disparaître dans un sifflement électrique et se demanda où en était Alec Baldwin avec son procès.

Le guichetier ne comprenait pas d'où venaient les vibrations qui secouaient son corps. Il ignorait tout du temps et de l'espace dans lesquels il se trouvait. Les signaux que lui envoyait son organisme lui dictaient ne pas gaspiller le peu d'énergie qu'il lui restait. Il aurait pu s'interroger à cet instant sur l'intérêt de vivre quand il souhaitait mourir une heure plus tôt, mais il avait oublié qu'il voulait mourir et n'était capable d'aucune pensée articulée. Malgré la nausée, quelque chose en lui souhaitait que cet état qui n'était ni la veille ni le sommeil se prolonge. Pourquoi Jésus n'était-il plus à ses côtés ?

LE BON, LA BRUTE ET LA MUSARAIGNE

Dressée devant la musaraigne, la vipère heurtante se mit à siffler et entama la danse rituelle de son espèce avant l'attaque, de brusques mouvements de tête latéraux, comme un kata pour impressionner l'adversaire. Mais la musaraigne était déjà suffisamment impressionnée et ne doutait ni de ses intentions ni de sa dangerosité.

L'instinct, dont la fonction est de garantir la survie de l'espèce, peut se révéler dans certaines circonstances une impasse contreproductive, et, comme dans les films où le monologue triomphant du méchant permet au héros de s'en tirer, ces quelques secondes de chorégraphie intimidante que la génétique imposait au serpent changèrent le cours d'une rencontre à l'issue certaine. Alors que la vipère heurtante effectuait sa danse de mort et s'apprêtait à fondre sur la musaraigne tétanisée, une masse fauve traversa l'espace, et la puissante patte du puma s'abattit comme un ciel gaulois sur la tête de la vipère et l'écrasa d'un coup. De l'autre patte, Bruce bloqua la queue du serpent dont le corps, inconscient de l'anéantissement du cerveau qui le gouvernait, se débattait encore dans tous les sens, et d'un coup de mâchoire le déchiqueta en son milieu.

La musaraigne, a priori imperméable au concept de Dieu ou de destin, ce qui préserve l'espèce de nombre de calamités, comprit dans la seconde qu'une chance unique s'offrait à elle d'échapper à une mort annoncée dont personne n'aurait fait la chronique, et elle détala alors que Bruce était encore occupé avec le serpent.

Quand plus aucune partie du serpent ne bougea, Bruce releva la tête. La musaraigne avait disparu. Elle avait regagné la gouttière et s'était laissée glisser dans le tube de zinc comme sur un toboggan d'évacuation. Une fois dans l'allée, des effluves de suint et de bouse lui parvinrent, où se mélangeait l'odeur d'une barbotine composée de luzerne, d'oignons, de bananes, de carottes, de pommes, de farine d'orge et de flocons d'avoine bouillis que le cuisinier mixait spécialement pour les girafes. Il y aurait des résidus de nourriture çà et là autour des bassines et la présence de gros mammifères végétariens laissait espérer celle de chenilles, de limaces, d'escargots et d'insectes délicieux pour son régime carnivore.

L'enclos des girafes se trouvait à deux cents mètres. Elle trottina le long d'un talus qui progressait vers les odeurs, évita de couper par la volière dont les chants anticipaient la fin du jour et, quand elle parvint devant l'enclos des girafes, sut qu'elle avait fait le bon choix. La journée avait été chargée, mais le bilan s'avérait positif. Elle dormirait dans de la paille, jouirait de bien plus d'espace qu'elle n'en avait jamais rêvé, profiterait de la compagnie d'hôtes pacifiques, avec toujours quelque chose à grignoter à proximité. Un espace immense s'ouvrait devant elle avec deux vrais arbres plantés, sans aucun prédateur rampant, volant ou marchant. Comme n'importe quel lion, il lui faudrait juste faire attention aux sabots des girafes.

EXIT

Lorsqu'elle parvint au douzième barreau de l'échelle, elle n'avait plus conscience de grand-chose. Le Gitan et le vétérinaire remontèrent l'échelle, empoignèrent la soigneuse sous les aisselles et l'allongèrent sur le mur. Pendant que le Gitan la maintenait en place, le vétérinaire examina son bras.

Mis à part les proportions, il n'y avait pas grande différence avec un bras de chimpanzé et le vétérinaire diagnostiqua une fracture liée à l'écrasement de la diaphyse humérale, avec une possible compression vasculaire ou nerveuse. La façon dont le membre pendait le long du corps laissait penser à une rupture des tendons de la coiffe des rotateurs au niveau de l'épaule, mais seul un examen plus poussé pourrait confirmer cette hypothèse. Une déchirure des tissus d'environ quinze centimètres courait du biceps brachial au long supinateur. Des côtes cassées, probablement. Des lésions internes n'étaient pas à exclure.

La soigneuse gémit et le vétérinaire crut l'entendre s'inquiéter pour le Vieux. Ça ira, dit-il parce que c'était plus simple. Le Gitan fut sur le point de ramener en arrière les mèches de cheveux collés qui zébraient son visage et d'essuyer la terre et les brins d'herbe qui le maculait mais se contenta de murmurer qu'elle avait été impressionnante, sans être sûr qu'elle entendait ses paroles, raison pour laquelle il s'enhardit peut-être à les prononcer.

Le vétérinaire descendit le premier et réceptionna la cheffe soigneuse au pied de la paroi. Il ne put s'empêcher de penser, Au moins je l'aurais prise dans mes bras, ce qui suffit à réactiver son désir. Le Gitan descendit à son tour et ils étendirent la femme sur le sol. Le vétérinaire enleva sa blouse qu'il roula sous la tête de la soigneuse et se plaça entre le soleil et son visage.

— Laissez-la respirer, dit-il, alors que le trio Cervantes et les deux adolescents se refermaient sur la cheffe soigneuse comme une plante carnivore.

— Elle est morte ? demanda le Blond.

— S'il vous plaît, dit l'homme aux lunettes Aviator.

— Si on vous demande de la laisser respirer... ajouta Sancho.

— Elle va mourir alors ? insista le Blond et il regarda le Quichotte avec l'air de dire, Ça vous va comme ça ?

— Non, elle ne va pas mourir, dit le vétérinaire.

Et comme tout le monde était resté silencieux trop longtemps, tout le monde sentit le besoin de parler.

— Qu'est-ce qui lui a pris ? demanda Sancho.

— Vous allez le tuer ? demanda le Blond et il précisa, le lion.

— Pourquoi tu dis ça ? demanda le Gitan.

— Un animal qu'a goûté la chair humaine, il en reveut, tout le monde sait ça.

— Il a goûté personne que je sache.

Le Blond hocha la tête et parut déçu. Il reporta son regard sur la soigneuse et le gilet de brousse ouvert sur le tee-shirt imprégné de sueur qui épousait ses seins.

— Ça arrive souvent ? demanda Sancho en réajustant les coins de son mouchoir sur son crâne.

— Jamais, répondit le vétérinaire, jamais.

— Sauf là, dit le Quichotte en soulevant ses lunettes pour essuyer la sueur à l'endroit des ailettes qui laissaient en creux deux petits haricots rouges de chaque côté du nez.

— En Floride, une orque a tué sa dresseuse, dit Sancho, on en a beaucoup parlé.

— C'est héroïque ce qu'elle a fait, dit Dulcinée, héroïque.

— On peut dire ça, oui, acquiesça le Gitan qui surveillait l'arrivée de Tic et Tac.

Elle remarqua la main du Gitan.

— Vous faites un métier dangereux.

— Pas plus que la menuiserie.

Ils entendirent le bourdonnement de la tractopelle et l'engin apparut dans le tournant, godet baissé et gyrophare activé, tel un dragon des abysses, avec sa grande gueule et son lumignon sur la tête pour attirer ses proies.

Il n'y eut pas besoin de dire à Tic et Tac de charger la cheffe soigneuse dans la benne quand ils la découvrirent allongée, un bras collé le long du corps. Ils sautèrent du véhicule et informèrent le Gitan et le vétérinaire que le Vieux avait été pris en charge. Ils n'en savaient pas plus parce qu'ils étaient repartis aussitôt. Ensuite, ils échangèrent quelques onomatopées pour synchroniser leurs efforts, prirent la cheffe soigneuse sous les épaules et les mollets, la soulevèrent jusqu'à la benne et l'assirent à l'intérieur.

La cheffe soigneuse parut reprendre conscience. Des voix se croisaient autour d'elle sans qu'elle en saisisse le sens, mais leur tonalité la rassurait comme les gazouillis d'une espèce familière. Elle remua les lèvres mais aucun son ne sortit de sa bouche, puis elle perdit connaissance à nouveau. Le vétérinaire fit un signe de tête aux deux agents et la tractopelle démarra pour disparaître dans un zonzonnement pressé au bout de l'allée de caoutchouc mou.

LA LOI ET L'ORDRE

Le directeur ne répondait toujours pas. Le vétérinaire raccrocha, aplanit sa moustache trois fois et proposa au Gitan de raccompagner les adolescents et le trio d'anciens vers la sortie. Spontanément, ils se placèrent comme deux chiens de berger de chaque côté du groupe et ils marchèrent tous les sept dans le parc désert sous le soleil tiédissant, comme une bande d'humains hétérogènes et désemparés au milieu d'animaux indifférents. Une touffeur enveloppante et ronde succédait au feu de la journée et dans le ciel, le rose virait à l'orange. De la volière s'échappaient les chants des pensionnaires, derniers messages échangés avant la nuit, au revoir, à demain, à demain, à très vite, à bientôt, à demain, à très vite, je suis là, moi aussi.

Quand le groupe parvint au rond-point de rendez-vous, la police les attendait sous la forme de trois uniformes, dont un armé d'un fusil d'assaut HK G-36 qui scrutait les alentours, le doigt sur le cran de sécurité, et d'un quatrième, en civil, dont la posture indiquait qu'il était leur supérieur. Blouson de toile beige sur chemise bleue, pantalon havane, il arborait une barbe de trois semaines qui avait le double mérite de camoufler un menton saillant qu'il n'aimait pas et de lui conférer une autorité naturelle utile dans n'importe quel métier et indispensable dans le sien. Quelques cheveux blancs épars et précoces sur les tempes adoucissaient une coupe martiale que son coiffeur brésilien exécutait avec le sabot de la tondeuse réglé sur 9.

Le corps des pompiers était également présent, trois hommes et une femme, sans casque, dont on apercevait l'estafette rouge garée derrière les grilles où s'agglutinait une petite foule de curieux et de journalistes de proximité équipés de caméras. La présence des médias confirmait aux curieux qu'ils vivaient un événement important et celle des curieux justifiait que les médias s'y intéressent, même si ce n'était pas non plus l'enterrement de Victor Hugo.

L'inspecteur s'entretenait avec Nenque, heureux d'avoir l'occasion de mettre à profit sa licence d'espagnol sous le regard admiratif des trois uniformes sous ses ordres. Nenque avait rejoint les autres employés dès l'annonce de la fermeture du Parc et lorsque la police était arrivée, il s'était présenté pour expliquer comment les choses s'étaient passées. La cheffe soigneuse lui avait conseillé de dire la vérité et c'est ce qu'il avait fait dans sa langue maternelle qui était pour lui celle de la vérité, avec le concours de l'inspecteur hispanophone. Ce que l'inspecteur avait du mal à comprendre, c'était le rapport entre cette histoire de yak et de thermomètres et le signalement d'une attaque de lion. Les employés du restaurant et de la boutique, que les pompiers avaient regroupés devant les toilettes, discutaient et téléphonaient en attendant d'être libérés, cherchaient à rassurer un conjoint, suppliaient une baby-sitter, différaient des engagements ou documentaient l'expérience en direct. Puis le zonzonnement de la tractopelle se fraya un chemin dans le brouillard des paroles ambiantes et Tic et Tac se garèrent, sous l'œil furieux du jaguar et du caïman empêtrés dans leur bataille de bronze, dans un tête-à-queue brouillon qui obligea le lieutenant à un pas de côté. Les deux écureuils sautèrent du véhicule, rejoignirent le groupe des témoins et attendirent, les mains dans le dos, comme à disposition.

Dans un réflexe de classe empathique que fondaient des études supérieures symétriques, le vétérinaire se présenta à l'inspecteur. Personne n'avait réussi à joindre le directeur de l'après-midi et en tant que numéro deux – il lissa sa moustache –, il était le représentant autorisé de l'institution auprès des autorités policières. Puis il expliqua :

— Tout d'abord, le yak et le lion sont deux histoires séparées, inspecteur, mais l'inspecteur l'interrompit pour préciser qu'il était lieutenant et que le titre d'inspecteur n'existait plus.

Comme commissaire, commissaire non plus ça n'existait plus, on disait commandant maintenant. Était-ce un bien ou un mal, il n'en savait rien, mais c'était comme ça maintenant, comme dans l'armée, lieutenant et commandant.

Le vétérinaire enregistra l'information et relata l'épisode de la fosse. Il ne s'étendit pas sur les tirs ratés et plaça quelques "lieutenant" dans son récit. Quand il eut fini, le lieutenant fit signe à l'un des uniformes de renvoyer chez eux les employés de la boutique et du restaurant, et il ajouta à l'intention du policier qui tenait le fusil d'assaut, Tirez, s'ils résistent ! puis il leva la main et dit, Eh oh, je plaisante, je plaisante.

La lumière qu'un bref espoir avait allumée dans le regard du porteur du HK G-36 s'éteignit.

Le lieutenant fit prendre les noms et adresses des témoins et enregistra que le trio de seniors vivait à la même adresse. Il informa les témoins qu'ils seraient convoqués pour une déposition et que chacun serait amené à donner sa version de l'événement. Les deux adolescents manifestèrent leur déception de ne pouvoir livrer leur témoignage à chaud. Ils avaient tout vu, contrairement aux trois vieux qui étaient arrivés après, et le véto à moustaches et le soigneur avec des cheveux, ils étaient arrivés après aussi, alors qu'eux, ils étaient là depuis le début, ils avaient même vu le type du guichet grimper sur le mur.

— J'ai filmé un bout, ajouta le Blond en mettant une main sur le téléphone dans sa poche et en regardant l'attroupement derrière les grilles.

L'inspecteur plia la bouche vers le bas et dit que si des images avaient été prises de l'incident, il lui revenait de les visionner en priorité pour les besoins de l'enquête. Dans le cas contraire, les tribunaux estimaient que photographier ou filmer une scène où un homme risquait sa vie, et la diffuser, circonstance aggravante, caractérisait la non-assistance à personne en danger. Il reconnut que ça pouvait sembler absurde quand on devait faire face à un lion, mais l'absurdité, dit-il, gouverne le monde et il haussa les sourcils et hocha la tête.

Ces paroles semblèrent impressionner les deux adolescents, mais quand le lieutenant se détourna, le Blond marmonna, Prends-moi pour un con. Puis il sentit une main sur son épaule.

— Merde, c'est pas ton beau-vieux là-bas ? dit le Brun.

Le Blond se retourna comme s'il avait reçu une décharge électrique et regarda l'attroupement derrière la grille d'entrée. Un homme, les cheveux courts et le nez épais, semblait chercher quelqu'un des yeux.

— Putain, s'il te voit, il me tue.

Le Brun se dissimula derrière le trio de seniors.

— Putain, y m'a vu.

— Barre-toi, barre-toi, dit le Blond.

Le Brun obliqua vers le groupe des employés réunis devant la boutique et se dissimula parmi eux pour quitter le Parc par la porte de service, escorté par le policier en arme. Le Blond attendit qu'il fût parti, prit un air dégagé, leva le bras en direction de l'homme derrière la grille, et se dirigea vers la sortie. L'homme le regarda approcher et, sans un mot, lui indiqua une voiture garée plus loin. Le Blond marcha devant son beau-père et s'assit sur la banquette arrière. L'homme prit place derrière le volant et démarra toujours sans un mot.

— Vous m'accompagnez ? dit le lieutenant au vétérinaire.

Comme ce n'était pas une question, le vétérinaire accompagna le lieutenant vers l'allée nord. Une flèche de bois rouge indiquait *Serpentarium*, *Jennifer, tortue des Seychelles*, *Lac aux flamants*, *Administration*. Les deux uniformes demeurés sur place se positionnèrent sur le trottoir à l'entrée du Parc, dans une modeste opération de sécurisation du périmètre, tandis que le corps des pompiers traînassait sur l'esplanade sans trop savoir pour quoi il était là.

C'était le moment où les choses se défont, comme après les vacances, quand on se dandine un peu sans trop savoir comment se dire au revoir. Et dans cet instant flottant, entre le moment de se quitter et l'hésitation d'une invitation à se revoir qui ne sera jamais honorée, le Gitan, Nenque, le Blond, le Brun, Dulcinée, Sancho et le Quichotte, demeurés sur le rond-point de rendez-vous, se saluèrent, bon courage, oui, malgré les circonstances, bonne chance, bonne continuation, à un de ces jours peut-être, bon, salut, ouais, salut, esquissèrent un signe, échangèrent une poignée de main et Dulcinée, dont la journée avait effacé une partie du maquillage et laissait remonter un visage blanc et cerné, remercia Tic et Tac et le Gitan pour tout ce qu'ils avaient fait, parce que des professionnels aussi efficaces, on n'en trouvait pas souvent, efficaces et courageux aussi, répéta Dulcinée, et le Quichotte ajouta qu'ils prendraient des nouvelles du guichetier et de la cheffe soigneuse. Héroïque, répéta Dulcinée. Sancho ne dit rien mais approuva en hochant la tête.

Chacun s'apprêtait à rejoindre sa vie par des directions différentes quand Dulcinée s'écria :

— Oh, mon Dieu !

— Quoi ? dit le Quichotte qui s'était assis sur une des poubelles hippopotames et tentait de s'éventer d'une main.

— Vous saignez.

Un filet de sang sortait d'une des narines du Quichotte et dessinait une fine cravate pourpre sur sa chemise. Il porta la main sous son nez.

— Il faut mettre la tête en arrière, intervint Sancho.

Le Quichotte renversa la tête et regarda sa main rouge de sang.

— S'il vous plaît, appela Dulcinée en direction des pompiers qui s'apprêtaient à regagner leur camionnette, à l'aide, vite.

Ce fut la femme pompier qui accourut la première.

— Il saigne, insista Dulcinée.

— Permettez, dit la pompière, et elle retira les lunettes Aviator du Quichotte, les tendit à Dulcinée, décrocha la torche qui pendait à sa ceinture, l'alluma et la braqua sur les yeux du Quichotte.

— Monsieur, monsieur, vous m'entendez, oui ? Bien, suivez mon doigt, monsieur ? Regardez à gauche, bien, maintenant à droite, mon doigt, c'est ça, et en haut, voilà.

— J'ai un peu chaud, il faut que je m'asseye, dit le Quichotte, d'une voix faible, sans réaliser qu'il était déjà assis.

Les deux pompiers rejoignirent leur supérieure, saisirent le Quichotte sous les aisselles et l'installèrent sur un banc. La femme remit la torche à sa ceinture et demanda au Quichotte comment il s'appelait, quel jour on était, quel mois et quelle année, tout en prenant son pouls et en regardant la trotteuse de sa montre franchir les graduations du cadran. Le Quichotte répondit, donna son nom, le jour, le mois, mais se trompa d'un an, puis se reprit et donna la bonne réponse. La femme posa une main sur le front du vieil homme, demanda un thermomètre à l'un des pompiers et le pompier ouvrit une sacoche qu'il portait en bandoulière et lui tendit un thermomètre auriculaire avec embout jetable. Sa supérieure prit la température du Quichotte, mit la main par-dessus le petit écran gris pour lire le résultat, demanda le tensiomètre puis prit sa tension.

— Ça ressemble à une insolation, dit-elle au porteur de la sacoche, faut quand même vérifier.

Dulcinée n'aima pas le regard qu'elle surprit à cet instant entre la femme pompier et son collègue.

— Oui, il faudrait vérifier, dit Sancho.

Les deux pompiers sortirent le brancard à roulettes de la camionnette et l'amenèrent près du banc. On les sentait contents de ne pas être venus pour rien et de pouvoir montrer aux badauds à l'extérieur que les deniers publics étaient bien employés. Ensuite, ils aidèrent le Quichotte à se lever, l'allongèrent sur le brancard, le sanglèrent, et poussèrent le chariot vers la sortie. Dulcinée et Sancho suivirent le brancard. Sancho portait les bâtons du Quichotte et Dulcinée tenait ses lunettes à la main. Les deux policiers en uniforme leur ouvrirent un passage dans la petite foule de curieux qui stationnaient devant les grilles de l'entrée, et les journalistes encore présents se détournèrent des employés du Parc demeurés sur le trottoir, pour photographier le Quichotte sur son brancard avec du sang sur sa chemise qu'on installait à l'arrière de la camionnette rouge. Ils avaient bien fait de rester. Et tandis que les portes de l'estafette se refermaient sur celui qui ne pouvait être que la victime du lion, ils expédièrent l'image du corps sur le brancard dans l'éther, car toute nanoseconde perdue pouvait coûter la première place des consultations sur le flux. *Shoot first, ask later,* proclamait le dos du blouson d'un des photographes présents.

Le Gitan et Nenque regardèrent l'estafette démarrer sous un ciel pourpre, sirène et gyrophare en action, tandis que Sancho et Dulcinée s'engouffraient péniblement dans un taxi avec leurs bâtons de marche, encombrés comme des skieurs dans une télécabine. Dulcinée se retint de parler à son compagnon du regard qu'elle avait intercepté. Elle rangea les lunettes Aviator dans son sac et laissa un moment sa main en contact avec les branches de métal. Sancho lui prit le bras et dit, Ça ira, c'est le soleil, il sortira ce soir ou demain matin. Elle hocha la tête mécaniquement. Elle redoutait qu'une autre vie s'annonce. Elle pensa, Une vie à deux, à deux dimensions, une vie plate. Elle savait que derrière ses propos rassurants, Sancho partageait la même crainte, celle de devoir affronter une réalité amputée de leur compagnon, dont il ne possédait ni l'esprit ni l'énergie, qualités qui lui manqueraient autant qu'elles manqueraient à Dulcinée. Ils devraient se faire face et regarder le vide soudain laissé par leur ami, sans nulle part où se tourner pour éviter de se lasser l'un de l'autre dans un appartement brutalement trop grand. Un tabouret à trois pieds sera toujours plus stable, disait le Quichotte, pour expliquer leur association, car même si les pieds sont de longueurs inégales, ils reposeront toujours sur le sol. Parfois il ajoutait, C'est ce qu'on appelle un objet isostatique.

Le taxi démarra et suivit la camionnette rouge dont le gyrophare balaya d'un bleu tournoyant le feuillage des arbres qui bordaient l'avenue.

SCÈNE DE CRIME

La découverte du corps du directeur, couvert de cloques et d'œdèmes dans des nuances de bleu, de jaune et de noir, et soumis à des écoulements hémorragiques au niveau des yeux et des oreilles, ne laissait guère de doute quant à l'origine de son décès et orienta les recherches vers le serpentarium. Le vétérinaire et le lieutenant virent d'abord un magnifique serpent rouge corail strié d'anneau noirs et blancs, le serpent-roi de Chihuahua, une couleuvre inoffensive qui se reposait sous les lamelles en plastique de l'entrée, puis découvrirent les terrariums ouverts et comprirent que ce n'était pas un serpent qui s'était échappé mais une clique.

— Pas d'effraction, dit le lieutenant après avoir inspecté la serrure de la porte.

— Vengeance Animale, dit le vétérinaire en désignant le tag mauve sur le mur jaune.

Comme la plupart des travailleurs en milieu animal, il connaissait l'association et la nature de ses actions. Le mois précédent, une famille de lynx et deux panthères de Java s'étaient échappées d'un parc de province après qu'on eut ouvert leurs cages. L'une des panthères avait tué un chien avant d'être abattue. L'affaire avait suscité une certaine émotion dans la région et agité un moment les réseaux sur la question de l'enfermement animal et l'action militante, avant de laisser la place au sujet d'indignation suivant, dans le nombre sans fin de ceux qui attendaient leur tour.

— Ça nous en fait combien ? demanda le lieutenant.

Après comptage, il apparut qu'une quinzaine de serpents se baladaient, personne ne savait trop où, quand une douzaine était sagement restés dans leur boîte, peut-être convaincus qu'ils ne trouveraient pas mieux ailleurs.

Le vétérinaire déclara qu'en attendant la nomination d'un nouveau directeur, il prenait la décision de fermer le Parc pour une semaine, et il fit glisser le pouce et l'index le long de sa moustache. Le lieutenant répondit qu'une fermeture administrative serait prononcée par le maire ou le préfet et qu'ils étaient seuls habilités à en fixer la durée.

Le vétérinaire caressa à nouveau sa moustache.

LE JOUR D'APRÈS

Le lendemain, le Gros revint de sa semaine de congés et déclara à la police qu'en son absence quelqu'un avait dû dérober son trousseau au tableau, il ne voyait pas d'autre explication.

On demanda aux soigneurs et agents d'entretien d'être particulièrement vigilants, parce que ça faisait quand même une belle bande de tueurs dans la nature. On distribua quelques perches télescopiques mais Nenque opta pour un manche à balai équipé d'un crochet qu'il confectionna avec un cintre trouvé dans le casier de son vestiaire. Il inspecta les abords du serpentarium et repéra un cobra royal qu'il réussit à mettre dans un sac avec sa gaffe artisanale. Il endossa du même coup le rôle d'expert de la question. Le lieutenant et les trois policiers, revenus sur le lieu du crime, se gardèrent de participer à la chasse *pour ne pas gêner*. À lui seul, Nenque captura la moitié des fugitifs, dont un python arboricole d'un beau vert pomme, que personne n'aurait eu l'idée d'aller chercher sur le toit d'un des abris pédagogiques, et une vipère du Gabon qui s'était réfugiée à l'arrière d'un distributeur de boissons gazeuses dont le moteur offrait une source de chaleur constante idéale. On retrouva aussi ce qui restait de la vipère heurtante dans la cage de Bruce, et qui ressemblait à de la pâtée pour chien.

La recherche des serpents manquants amena Nenque à inspecter la grande volière, pour l'intérêt qu'offrait sa végétation luxuriante et malgré le caractère a priori dissuasif des becs et des serres des locataires. C'est ainsi qu'il découvrit sur le sol en plastique de l'allée principale un écrou en aluminium. Il le ramassa, le fit tourner entre ses doigts, leva la tête et découvrit que le pointillé dessiné par les écrous et les boulons sur la structure, trente mètres plus haut, était interrompu en certains endroits.

Jack, le grand ara rouge d'Amazonie, et les perroquets gris d'Afrique observaient Nenque depuis leurs feuillages tropicaux. Ils le virent ramasser l'écrou dans l'allée, lever les yeux vers le grillage, fouiller les fougères à la verticale de son observation et trouver les autres écrous. Et quand Tic et Tac pénétrèrent dans la volière avec la nacelle électrique, les oiseaux eurent la confirmation que leur projet d'évasion était éventé. Les deux agents revissèrent les écrous, inspectèrent ceux qui se trouvaient autour et ajoutèrent des colliers de serrage métalliques entre les plaques du grillage. Ce travail leur prit toute une matinée. Jack, qui avait conscience qu'une opportunité pouvait naître d'un imprévu, eut tout le temps d'analyser la situation. Il remarqua que, si les agents avaient bien refermé la porte de la volière et enclenché la targette, ils n'avaient pas, en revanche, pris la peine de refermer le cadenas qui la bloquait.

Quand Tic et Tac quittèrent la grande volière un peu avant midi, ni l'un ni l'autre, peut-être distraits par l'approche de la cantine, ne remarquèrent que l'anse du cadenas n'était plus glissée dans l'anneau de blocage mais accrochée à la targette.

Quand il fut constaté que le grand ara manquait à l'appel, on conclut que Jack était passé par le grillage avant que Tic et Tac n'interviennent. La chose ne manqua pas d'étonner Nenque pour qui une évasion, au stade où il en avait découvert les préparatifs, n'était guère possible, mais l'histoire avait appris à Nenque et aux peuples du continent que le silence était préférable à la parole si on voulait s'éviter des ennuis avec les gringos.

Tic et Tac patrouillaient au volant de leur véhicule. Une ronde armée circulait autour du Parc, et les riverains se promenaient avec des bâtons et tenaient leurs chiens en laisse, au cas où les serpents fugitifs auraient eu l'idée d'aller faire un tour en ville. Mais malgré des recherches poussées, qui inclurent les biotopes, les espaces de circulations, les bâtiments administratifs, le restaurant, la boutique et les toilettes, au terme d'une journée commencée à l'aube, trois reptiles manquaient encore à l'appel, le taïpan du désert, un mocassin d'eau et un boa pourtant de taille peu discrète.

LA FIN DU JOUR D'APRÈS

C'était l'heure où ceux qui rentrent sont déjà chez eux et ceux qui sortent y sont encore. La ville était calme et se remettait de la fournaise de la veille. La femme des forêts monta lentement et sans effort dans le nid qu'elle avait aménagé entre trois poutres entrecroisées, avec les nouvelles toiles de jute apportées par le Gitan et qui portaient encore son odeur. Elle se coucha sur le dos et regarda le ciel empourpré s'assombrir à travers le grillage. Elle écouta, comme tous les soirs, le chant du couple de gibbons en suçotant la tige d'une plante que l'orage de l'avant-veille avait jetée sur son toit et qu'elle avait effeuillée. Puis les gibbons se turent et Vénus apparut dans le ciel grillagé. La ménagerie s'ensommeillait dans les hululements, grognements, sifflements et grattements des nocturnes qui peuplaient l'air de façon clignotante.

Emma poussa un profond soupir et entreprit de peigner sa frange avec ses longs doigts de cuir noir tandis que la nuit absorbait le dessin du grillage et que ne subsisterait bientôt au-dessus d'elle que le spectacle de milliers de mondes scintillants dans l'obscurité.

— Drôle de yournée, hé, dit Nenque au Gitan.

— On peut dire ça, répondit le Gitan en touchant sa boucle d'oreille et en enlevant l'élastique qui retenait ses cheveux en queue de cheval.

Ils saluèrent le gardien dans la guérite qui regarda l'horloge murale et sortirent par la porte métallique à côté du portail.

— Bous pensez quoi ? demanda Nenque lorsqu'ils se retrouvèrent sur le trottoir devant l'entrée des fournisseurs.

— Je pense quoi de quoi ? demanda le Gitan.

— De continuer la formación, à causse des thermomètres.

— C'est pas moi qui décide, dit le Gitan, mais si on me demandait, je dirais que la personne la moins à même de faire une connerie, c'est celle qui l'a déjà faite une fois, voire deux.

Nenque réfléchit à la sentence et hocha la tête, comme réconforté par cette révélation.

— Claro, por cierto, de ley que lo es.

— Et puis on a besoin de gens qui s'y connaissent en serpents.

Ils traversèrent le parking presque désert et s'arrêtèrent au bord de l'avenue. Ils reconnurent une poignée de soigneurs derrière l'écran vitré du café et le Gros qui bougeait les bras dans la lumière jaune avec un verre à la main.

— À demain, señor, dit Nenque.

Le Gitan salua Nenque du menton et le regarda rejoindre l'arrêt de bus et s'asseoir sur la banquette en plastique de l'abribus, son large dos écrasé contre la vitre. Il sortit un étui à cigarettes de la poche arrière de son pantalon, prit l'unique cigarette qui s'y trouvait et qu'il avait roulée le matin avec de l'herbe et du tabac, et marcha en direction du fleuve. Une mince bande de ciel rouge sang persistait sur l'horizon et Vénus n'était plus seule dans le ciel. Depuis le parapet du quai, il observa l'animation des éclats lumineux à la surface du fleuve noir qui traversait la ville comme un serpent géant.

Il regrettait de ne pas avoir retiré les mèches de cheveux collés sur son visage. Des fleurs. Ils n'aimaient pas les fleurs dans les hôpitaux, à cause des allergies, de l'eau qui croupit, du pollen qui tache la tablette, et puis balayer les pétales, changer l'eau, jeter les fleurs, c'est du travail en plus. Il apporterait quand même des fleurs. Pas des roses, parce que c'était un peu trop, il chercha l'adjectif, ne le trouva pas et considéra qu'avec un point ça suffisait, c'était un peu trop, point. Non, plutôt un mélange, quelque chose de gai et de moins, il chercha encore l'adjectif. Direct, de moins direct. Oui, un bouquet champêtre, c'était bien.

L'air était tiède. Sur l'horizon, la nuit enterrait la frange sanglante du jour à l'agonie. Il observa les habitations de la cité qui s'éclairaient une à une dans la nuit, je suis ici, et moi ici, je suis là, moi aussi je suis là, chants d'oiseaux ou cris de singes dans la jungle.

Le Gitan en était là de sa méditation quand il perçut un mouvement du côté du fleuve. À quelques mètres au-dessus des eaux noires et scintillantes, deux grandes ombres silencieuses planaient, tels des bombardiers furtifs, leur énorme bec en avant, le cou rétracté et leurs longues pattes dans l'alignement. Roméo volait en tête, son goitre flottant sous lui comme une chaussette pleine d'eau. Le Gitan s'arrêta et contempla les deux grands oiseaux qui s'éloignaient. Aucun mot ne lui vint, juste un étonnement vide. Puis les silhouettes noires de Roméo et Juliette s'effacèrent dans la nuit, au premier méandre du fleuve, en expédition vers l'océan. Le Gitan demeura immobile un moment, le regard perdu sur le point de disparition des marabouts, puis il tira une longue bouffée de sa cigarette et reprit sa marche. Se pouvait-il que le rugissement de Jad-bal-ja ait déchiré l'enveloppe traumatique du massacre auquel ils avaient assisté, délivrant les deux oiseaux de leur longue hypnose, comme un souvenir d'une ancienne vie qui serait remonté à la surface ? On ne savait rien des marabouts. Mais si une cervelle d'oiseau est capable d'intelligence émotionnelle et cognitive, alors pourquoi lui fermer les portes de la psychanalyse ?

LES AUTRES JOURS D'APRÈS

Le guichetier apprit à son réveil qu'il ne retrouverait pas sa place dans sa cage de verre. Interrogé sur les raisons de son geste, il fut incapable d'en fournir l'explication. Le psychiatre diagnostiqua une dépression unipolaire à épisode unique. Le guichetier se garda d'évoquer la rencontre avec Jésus et l'archange. Une récupération pleine et entière de ses capacités physiques et psychiques étant exclue, compte tenu du trauma enduré et de sa déplorable condition, conséquence d'un demi-siècle de position assise, des pertes d'équilibre, des vertiges et des troubles de la mémoire étaient à prévoir. Il semblait plus que probable qu'une assistance lui serait nécessaire au quotidien. Quelque chose en lui refusait de prendre pleinement conscience de la signification de cette sentence et d'imaginer ce que serait chaque heure de cette nouvelle vie, mais il en fut suffisamment affecté pour regretter que Jad-bal-ja ne l'ait pas achevé dans la fosse.

Le Parc rouvrit après une interruption de douze jours et un directeur intérimaire fut nommé par les autorités de tutelle. Une équipe de gardiennage privée fut recrutée pour sillonner les allées et rassurer les visiteurs, ce qui n'empêcha pas la rumeur de circuler qu'un enfant de six ans qui avait plongé la main dans le panier des serpents en caoutchouc de la boutique avait été mortellement mordu par un vrai serpent.

Si l'autopsie d'Anil révéla la présence de mercure dans son organisme, il s'y trouvait toutefois en quantité insuffisante pour occasionner la mort. Sans doute le mercure avait-il accentué l'essoufflement du yak, mais la découverte d'une malformation cardiaque fournit la cause réelle de son décès et c'est le point qui fut mis en avant auprès du gouvernement chinois dans la gestion de l'incident. Certes le simple respect des règlements communautaires avait prolongé le séjour de l'animal en transit dans des conditions climatiques exceptionnelles, mais c'était bien, *in fine, un défaut du modèle livré* qui était à l'origine de l'incident, *comme cela arrive trop souvent dans les exportations de biens chinois*, se permit de résumer en petit comité le conseiller du ministre de tutelle en charge du dossier que la réflexion fit sourire. Une diplomatie tripartite s'employa à résoudre la question de la compensation des parties lésées, l'Autriche s'estimant spoliée et la Chine humiliée. La chose fut résolue en haut lieu par une concession sur les taxes d'importation de certains produits phytosanitaires chinois (fongicides et herbicides) et une dotation à un programme de formation d'éthologues autrichiens.

Bruce et Tezca échappèrent à la délocalisation envisagée par le directeur, mais le vétérinaire officialisa l'état du jaguar et son coordinateur dut se résoudre, après quelques traitements infructueux, à sacrifier le dieu aztèque sur une pyramide d'expertises qui le jugèrent incurable. Tezca fut euthanasié un matin avant l'ouverture du Parc.

Il fut congelé et expédié chez un naturaliste respecté auquel l'institution avait recours, un homme qui avait pour habitude de dire que la taxidermie se situait quelque part entre la chimie, l'art et la boucherie. L'homme réceptionna le corps du fauve et le laissa décongeler sur une grande table en inox avec évier, bac de récupération des liquides et douchette de nettoyage, identique à celles qu'on trouve dans les morgues. Il enfila blouse et gants, prit les mensurations de l'animal et releva les cotes sur un carnet. Puis il ouvrit le jaguar et sépara la chair de la peau. Il le désossa, retira le crâne, nettoya le squelette et plaça l'écorché du cadavre désossé dans un sac mortuaire dont il referma la fermeture à glissière pour le remiser dans la chambre froide. Il étala ensuite la peau sur le plan de travail et la mesura à nouveau avant de racler le moindre bout de carne attaché au cuir. Il plaça un masque sur son visage et trempa la dépouille dans différents bains chimiques pour la débarrasser des germes, champignons et bactéries qui auraient pu y trouver refuge, prenant soin que les babines du fauve conservent leur souplesse et leur expressivité. Une fois la peau traitée, il la sala et la congela. Il décida de représenter le félin dans une position d'approche, la partie antérieure surbaissée, les oreilles plates, une patte plus avancée que l'autre. Il sculpta l'animal dans un bloc de polyuréthane en suivant le relevé de ses cotes et lorsqu'il fut satisfait de son mannequin qui n'était pas sans rappeler un bronze de Bugatti, chaque muscle bien apparent, il décongela la peau, la graissa et en habilla la structure. Il utilisa des colles et des résines, tailla et cousit, pour que le manteau étoilé de Tezca s'adapte à son nouveau corps de polymères. Quand il eut terminé, il peignit les babines décolorées et le mufle d'un rose plausible et le bord des fourreaux de peau d'où sortaient des griffes synthétiques achetées sur internet, avec un crâne en plastique, auprès d'un fournisseur de matériel de taxidermie basé à Londres et dont le catalogue faisait voisiner les écharneuses manuelles, les pinces à tirer et les supports de crânes à bouillir, avec la dextrine, l'époxy, le permanganate de potassium, les mannequins de mammifères, oiseaux et poissons, complets ou en pièces détachées, nageoires en plastique, dentiers, nez, oreilles, becs, griffes, sabots, pattes et des yeux par centaines de toutes espèces et tailles, avec pupilles rondes ou fendues, horizontales ou verticales, un bazar d'imitations du vivant. Il choisit des yeux de verre bleu pâle avec pupilles rondes et larges. Peut-être était-il allé un peu loin dans le dessin des muscles, se dit-il une fois son travail achevé, oui, peut-être, mais le résultat était tout à fait satisfaisant. Ce qui restait de Tezca, pour une fois et à jamais, immobile, une peau sur un bloc de polyuréthane, n'était que le souvenir de l'animal, mais quand le représentant du musée d'histoire naturelle de province auquel il était destiné vint en prendre livraison, il ne put s'empêcher de complimenter le taxidermiste. Il suffirait de placer le jaguar devant un pudu ou un tapir en train de boire pour obtenir une scène d'une grande expressivité, oui, d'une expressivité saisissante. On a l'impression qu'il va bondir, vous lui avez donné une seconde vie. Ce qui était exagéré et supposait que Tezca en avait eu une première.

Une famille de margays, un petit félin arboricole tacheté, capable de descendre d'un arbre la tête en bas grâce à des articulations postérieures exceptionnellement mobiles, prit la place de Tezca dans la cage numéro 37. La fréquentation revint devant la biozone conservée à l'identique et une start-up œuvrant dans la cybersécurité se proposa de parrainer la famille de félins dont *l'extrême souplesse et la capacité à se déplacer dans n'importe quelle arborescence* correspondaient parfaitement au positionnement de l'entreprise.

Nenque obtint son brevet et envoya à sa famille une photo de lui en uniforme de soigneur entouré du vétérinaire, du Gitan et des autres soigneurs, le pouce en l'air, prise par l'écureuil moustachu avec son téléphone. Nenque eut une pensée pour Anil et remercia quelqu'un dans le monde d'en haut de lui avoir permis de se racheter avec la capture des serpents et la découverte des préparatifs d'évasion des perroquets. Le soigneur eut le sentiment ce jour-là que ses deux prénoms, Nenque et Elvis, étaient moins lourds à porter.

Passé une phase dépressive qui le vit perdre presque deux kilos, Darwin s'installa dans sa nouvelle situation de retraité de la politique, acceptant de ne plus être très utile au groupe et d'avoir une vie sexuelle notablement diminuée et limitée à deux femelles qui lui trouvaient encore de beaux restes. Il lui arrivait de parcourir son ancien royaume, au sol et dans les agrès, comme au bon vieux temps, mais son heure était passée et personne ne lui prêtait plus d'attention qu'à un ancien président.

Quelque temps plus tard, Elsa et Goosha furent diagnostiquées enceintes. Jayne était peut-être trop jeune ou moins féconde. Le caractère exceptionnel du patrimoine génétique de Jad-bal-ja valait aux trois lionnes d'appartenir à une minorité de femelles exemptées de contraceptifs. Les naissances promettaient une affluence sensationnelle et, à raison de deux ou trois lionceaux par femelle, l'événement représentait une perspective d'échanges intéressants. On organisa un pot pour fêter l'événement qui réunit l'ensemble du personnel du parc, soigneurs, agents d'entretien, administratifs et commerçants, auquel le Gitan, dont c'était le jour de repos, réussit à échapper. Après quelques verres de vin dans des gobelets en plastique, le Gros déclara que lui aussi se serait bien vu dans un plan avec trois femelles. Il recueillit quelques sifflets et quelques rires parmi lesquels, dans une trouée sonore, émergea un *pauv' mec*, lancé par une des vendeuses de la boutique. Quand le vétérinaire pénétra avec une demi-heure de retard dans la cantine, il fut accueilli par une levée de verres au cri de *Daktari, Daktari*, façon de le féliciter d'avoir veillé au bon déroulement des accouchements. Le pot se termina par un dernier toast à la santé de la cheffe toujours à l'hôpital. Et du guichetier, ajouta le vétérinaire. Et du Vieux ! reprirent les autres.

L'ABSENCE

Le lit faisait face à un téléviseur accroché au mur comme une tique géante qui fixait la cheffe soigneuse de son gros œil éteint. La chambre était crème aux murs et blanche au sol, un rectangle de trente mètres carrés, coin toilettes inclus, sur lequel flottait la subtile fragrance pamplemousse d'un détergent désinfectant sol et surfaces. Allongée sur son lit d'hôpital, la cheffe soigneuse souffrait d'une double fracture de l'humérus et de trois côtes cassées mais sans perforation d'organes internes. Un large hématome noir courait sur l'intégralité de son flanc et avait nécessité la pose d'un drain de Redon dont elle sentait le tiraillement au niveau de l'incision et par lequel s'écoulait un liquide jaune sale dans une bouteille graduée. La plaie au bras était profonde mais suturée. Comme le vétérinaire l'avait supposé, la coiffe des rotateurs était endommagée, mais il était trop tôt pour savoir si une réparation lui permettrait de conserver la mobilité partielle de son bras, lequel resterait douloureux dans le meilleur des cas, ou si une prothèse était préférable. Quoi qu'il en soit, une rééducation de plusieurs mois serait indispensable.

— C'est une façon d'avoir de la chance, dit-elle après que le chef soigneur de l'endroit, un chirurgien à la crinière grise, accompagné de trois jeunes blouses blanches, deux filles et un garçon qui le collaient comme une bande de rémoras amoureux, lui eut exposé la situation.

Le chirurgien appréciait les patients qui ne se plaignaient pas. Il considéra les journaux et magazines sur la chaise des visiteurs. Une photo de la cheffe soigneuse en tenue de ranger dans un médaillon ornait la couverture du premier de la pile. Sous le médaillon on pouvait lire *La femme qui parle au lion*. Plusieurs journaux avaient opté pour une mise en vis-à-vis de la cheffe soigneuse et du lion de l'Atlas, paresseusement légendée *La belle et la bête*. Une chaîne d'information reconstitua la scène de la fosse en 3D *pour que tout le monde puisse comprendre comment les choses se sont réellement passées* avec la cheffe soigneuse mettant en déroute un lion de la taille d'un buffle, tandis que le guichetier, à genoux, priait en regardant le ciel.

— Vous n'avez pas idée du nombre de personnes qui ont manifesté l'envie de venir me saluer à l'hôpital depuis qu'elles savent que je vous soigne, commenta le chirurgien.

Les poissons pilotes qui entouraient le chirurgien hochèrent la tête, puis le grand requin blanc frappa dans ses mains, dit à la cheffe soigneuse de se reposer et quitta la chambre avec son escorte toujours dans son sillage.

Quand il fut parti, la cheffe soigneuse réfléchit à la situation. À quoi pouvait bien servir un bras mort ? Comparée à l'amputation d'une sœur, pour laquelle il n'y avait pas de prothèse, ce n'était pas si terrible, quand la déchirure éternelle d'être restée sur la rive, paralysée par la noirceur de la rivière et l'image de sa jeune sœur dans le courant, ne se refermerait jamais. On lui apporta un repas, et peu après elle s'endormit.

La journée tirait à sa fin quand elle se réveilla. Une toux derrière la cloison, une plainte longue et gémissante quelque part à l'étage, le tremblement métallique d'un chariot à plateaux, un téléphone lointain. Elle tourna la tête vers la fenêtre et découvrit sur la tablette un bouquet de fleurs champêtres dans un vase en carton paraffiné. Trois roses émergeaient timidement d'une gerbe de fougères, de gueules-de-loup violacées, de graminées à minuscules fleurs blanches et de coquelicots dont les pétales traversés par le soleil déclinant vibraient comme des vitraux. Une enveloppe était posée à côté du vase en carton. Elle demanderait à l'infirmière de la lui donner.

REMERCIEMENTS

À Patrick Jardin, fondateur et directeur du parc des Félins, pour son éclairage sur la conservation, sa passion communicative et sa liberté de ton, et à Jean-Marc Thouzet, directeur de zoo en Équateur, directeur adjoint des parcs de Thoiry et de la Tête-d'Or à Lyon, et formateur pour soigneurs animaliers, qui a pris le temps de me raconter son métier et de partager son expérience.

À Dominique, pour ses conseils toujours avisés qui m'évitent bien des égarements.

Aux différents animaux non humains qui ont partagé ma vie et sans qui ce livre n'aurait pas été possible.

OUVRAGE RÉALISÉ
PAR L'ATELIER GRAPHIQUE ACTES SUD
REPRODUIT ET ACHEVÉ D'IMPRIMER
EN MAI 2024
PAR NORMANDIE ROTO IMPRESSION S.A.S.
À LONRAI
POUR LE COMPTE DES ÉDITIONS
ACTES SUD
LE MÉJAN
PLACE NINA-BERBEROVA
13200 ARLES

DÉPÔT LÉGAL
1re ÉDITION : AOÛT 2024

N° impr. : 2402044

(*Imprimé en France*)